JN296954

# ビジネスへの日本語
## これから社会へ飛びたつ君たちへ

山本いずみ

白井聡子

［編著］

朝倉書店

## 執筆者一覧

| | | |
|---|---|---|
| 内田 智子（うちだ ともこ） | 済州大学校・招聘教授<br>1.1〜1.3, 2.2〜2.4, 文化コラム1・2・4・5・8 | |
| 川口 直巳（かわぐち なおみ） | 愛知教育大学・助教<br>4.1 | |
| 白井 聡子（しらい さとこ）* | 名古屋工業大学・准教授<br>言葉コラム6・7, 文化コラム3 | |
| 古本 裕子（ふるもと ゆうこ） | 名古屋学院大学・非常勤講師<br>3.1〜3.4, 4.2〜4.4, 文化コラム6・7 | |
| 眞野 道子（まの みちこ）† | 名古屋工業大学・非常勤講師<br>2.1, 言葉コラム1・2・3・8・9・10, 文化コラム9 | |
| 大和 祐子（やまと ゆうこ） | 名古屋工業大学・非常勤講師<br>4.1, 言葉コラム4・5 | |
| 山本いずみ（やまもと）* | 名古屋工業大学・教授<br>3.5, 4.1〜4.4 | |
| 合間 芋子（あいまいもこ） | イラストレーター<br>各章カット | |

＊は編集者，†は校閲者．

（五十音順，敬称略）

# まえがき

　本書は，就職活動している学生や，表現力を身につけたい若いビジネスマン，そして，日本企業で活躍したい外国出身者が，社会人らしい言葉や表現を学ぶための教材です．といっても，「勉強しなければならない」と硬く構えないでください．私たちは，「勉強したい」という皆さんの気持ちを大切にしようと考え，この本を作りました．ですから，近所の塾で，目の前にいる講師が，時には叱り，時には励ましながら，共に学んでいくようなイメージで作ってあります．肩の力を抜いて，それぞれの講師のアドバイスに耳を傾けましょう．

　ここには多くの学ぶべきことがあり，その学習を段階的に進めることで，一人前の社会人にふさわしい日本語力を身につけることができます．さらに，説得力を持って表現する技術や，社会人として当然身につけておくべきマナーなどの非言語表現も学ぶことができます．

　「かしこまった日本語って苦手……」「マナーなんて自信ない」，そんな人にこそ，この本を使っていただきたいのです．誰でも無理なくステップアップできるよう，それぞれの学習内容は，いくつかの段階に分けて示してあります．

　まず，オープンスクールに参加したような気分で，ざっと全体を見渡してみましょう．気になる内容があれば，少し時間をかけて中を覗いてみてください．「こんなところでこんなことを学ぶんだ」「こんなふうにしてスキルアップしていくんだ」ということがわかると思います．

　オープンスクールの後は，気を引き締めてじっくり勉強してください．最初から一つずつ突破していっても，自分にとって必要なところから始めても，どちらでもかまいません．解説を読みながら，一つずつ練習問題をクリアしていくことで，知らず知らずのうちに一段階上の自分に到達しているはずです．

　特におすすめしたい勉強法は，目的を同じくする仲間と一緒にこの本を使ってみることです．ディスカッションやプレゼンテーションは，1人でやるものではありません．誰かと一緒に練習することで，いざというときに使える実践力が身につきます．友達と練習問題をやってみて，チェックし合い，改善するべきとこ

ろを見つけ，いいところを吸収しましょう．

　たまにはコラム欄で一息つき，脳みそのストレッチをしましょう．「言葉コラム」は日本語の豆知識コーナーです．クイズ気分でやってみましょう．「文化コラム」では，知っておくとよい日本の文化や習慣を紹介します．特に，外国から来た方が戸惑うことが多い内容をピックアップしています．日本で育った方は，外国ではどのように違うのか，聞いたり調べたりするとよいでしょう．

　なお，本書で学ぶビジネス日本語は，仕事の現場で使われる専門用語や業界用語は含みません．これから社会で活躍する皆さんが，当然身に付けておくべきことばや表現を対象としています．そして，それを使うために必要な能力や基本姿勢を養成することを，何よりも大切にしています．本書でしっかりと基礎を固め，仕事の現場で用語や習慣を謙虚に学び，将来に向けて大きく羽ばたいてくださることを願っています．

　皆さんの旺盛な学習意欲に期待し，社会人として成長するためのお手伝いができることを誇りに思います．一緒にがんばりましょう．

　2011年10月吉日

山本いずみ・白井聡子

# 目　　次

## 第1章　ビジネス表現 …………………………………………………1
- 1.1　インパクトのある自己紹介をしよう　*1*
- 1.2　社会で通用するマナー　*6*
    - 1.2.1　基本的なビジネスマナー　7
    - 1.2.2　電話のマナー　11
    - 1.2.3　訪問と応接のマナー　15
- 1.3　社会人の話し方をマスターしよう　*19*
    - 1.3.1　丁寧語　19
    - 1.3.2　尊敬語　20
    - 1.3.3　謙譲語　23
    - 1.3.4　クッションことば　25
    - 1.3.5　間接的な表現　27

## 第2章　ビジネス文書 …………………………………………………31
- 2.1　ビジネス文書の基本　*31*
    - 2.1.1　ビジネス文書の種類　31
    - 2.1.2　ビジネス文書の基本書式　32
    - 2.1.3　ビジネス文書のことば　35
- 2.2　封筒の書き方・はがきの書き方　*40*
- 2.3　Eメールの書き方　*46*
    - 2.3.1　Eメールの基本　46
    - 2.3.2　ビジネスメールの書き方　48
- 2.4　コミュニケーションツール・情報ツールを使いこなそう　*53*
    - 2.4.1　コミュニケーションツール　53
    - 2.4.2　情報ツール　56

## 第3章 就職を目指して ……………………………………………………… 61

### 3.1 A君とB君 *61*
- 3.1.1 機械メーカーへの就職が決まったA君 61
- 3.1.2 いまだ就職活動中のB君 63

### 3.2 自己分析をしよう *67*
- 3.2.1 自己分析の目的 67
- 3.2.2 自己分析のコツ 68

### 3.3 インターンシップへ行こう *71*
- 3.3.1 インターンシップへ行く前に 71
- 3.3.2 インターンシップで注意すること 74

### 3.4 会社説明会に行こう *80*
- 3.4.1 会社説明会とは 80
- 3.4.2 会社説明会に参加する上で注意すること 81
- 3.4.3 どんな情報を手に入れるか 82
- 3.4.4 会社説明会の後で 84

### 3.5 エントリーしよう *87*
- 3.5.1 書く技術 87
- 3.5.2 自己PRを書こう 89
- 3.5.3 志望動機を書こう 93
- 3.5.4 履歴書をデザインしよう 96
- 3.5.5 内々定をもらったら 106

## 第4章 話す技術，論じる技術 ……………………………………………… 112

### 4.1 基本技術 *112*
- 4.1.1 ディスカッションとディベート 112
- 4.1.2 説明の仕方 113
- 4.1.3 意見の言い方 118

### 4.2 面接を受けよう！ *121*
- 4.2.1 面接の種類 121
- 4.2.2 面接の準備 122
- 4.2.3 実際の面接 124

4.3 話す技術——個人面接 *129*

    4.3.1 話す技術の基礎 129

    4.3.2 個人面接の技術 130

    4.3.3 危ない個人面接 134

4.4 論じる技術——グループ討論とプレゼンテーション *138*

    4.4.1 グループ討論 138

    4.4.2 グループ討論における危機回避 140

    4.4.3 プレゼンテーション 142

索　引 ……………………………………………………………………147

---

**言葉コラム**

1.「使える表現（1）」5 ／ 2.「使える表現（2）」39 ／ 3.「ビジネスで使うカタカナ語大特集」50 ／ 4.「お仕事電話」77 ／ 5.「会社からもらった文書を読むコツ」85 ／ 6.「それって"会社"？　それとも"企業"？」92 ／ 7.「就活に強い文章を書こう」105 ／ 8.「難しい読みの漢字ドリル」120 ／ 9.「慣用句・ことわざドリル（1）」136 ／ 10.「慣用句・ことわざドリル（2）」144

---

**文化コラム**

1.「知ってますか？　日本の常識」10 ／ 2.「知ってますか？　上座と下座」18 ／ 3.「知ってますか？　家族・親戚の呼び方」29 ／ 4.「知ってますか？　日本の年中行事（1）」45 ／ 5.「知ってますか？　日本の年中行事（2）」59 ／ 6.「知ってますか？　日本の就活スケジュール」66 ／ 7.「知ってますか？　日本企業の求める人材」70 ／ 8.「知ってますか？　結婚式とお葬式のマナー」109 ／ 9.「知ってますか？　SPIで問われる日本語力」126

# 第1章

# ビジネス表現

## 1.1 インパクトのある自己紹介をしよう

　学校での新学期の始めや，新しい仲間と出会ったときなど，多くの人は今までに何度も自己紹介を経験してきたことだろう．社会人になってからも，自己紹介をする機会は多い．自己紹介というと，「名前・所属」＋「よろしくお願いします」といったパターンを思い浮かべると思うが，ありきたりのことを言うだけでは相手の記憶に残らないことがほとんどだ．人脈を広げる機会なのだから，相手の記憶に残るような，インパクトのある自己紹介をして自分を印象づけよう．

【例　題】　次の自己紹介の問題点を考え，よりインパクトのあるものにしよう．
（カジュアルな会合で，同年代の人たち数人に対する自己紹介）
　　　はじめまして．田中一郎といいます．会社員です．趣味は読書と旅行です．
　　　よろしくお願いします．

　サークルや少人数の集まりでよく行われるパターンの自己紹介だが，これでは印象に残らない．会社員という職業も，読書や旅行という趣味もありふれているからだ．しかし，ありふれた職業や趣味でも，言い方によっては相手に印象づけることもできる．こんなスパイスを加えてみたらどうだろう．

〔考えるヒント　自己紹介に効く4つのスパイス〕
　① 具体的に言う
　② 最近のことを話す
　③ 相手を意識する
　④ 失敗談や苦手なことについて話す

それぞれのスパイスの使い方と，その効果を見ていこう．

### (1)「具体的に言う」スパイス

ありきたりの自己紹介から一歩踏み込み，以下のような要素を加えてみる．

　　会社員　→　具体的にどんな仕事をしているのか
　　読書　　→　どんなジャンルを読むのか
　　旅行　　→　どんなところへ旅行するのか

【解答例1】　田中一郎といいます．会社では新しいタイプのテレビの開発に携わっています．趣味は読書です．ミステリー小説が好きです．旅行も好きで，1年に2回は東南アジアに行きます．

「会社員」や「読書」「旅行」というありふれた言葉にインパクトを与えるには，この「具体的に言う」スパイスがかなり効果的だ．これを入れると解答例1のようになる．ずいぶん印象が変わったのではないだろうか．質問をしてみたくなった人もいると思う．相手に興味を持たせることができれば，それ以降の話も弾み，相手の記憶に自分を残すことができる．

### (2)「最近のことを話す」スパイス

具体的に言っても平凡なことしか話せないという人もいるだろう．会社では毎日デスクワーク，読書は特に好きなジャンルもない，旅行もみんなが行くような場所ばかりというタイプだ．このタイプの人は，「最近のことを話す」スパイスを加えてみよう．すると，解答例2のように，興味を持ってもらえる自己紹介になる．他にも，「昨日は残業で終電を逃し，タクシーで帰りました」「今日は上司に叱られてちょっとブルーです」など，ちょっとしたことを入れるだけで，その人らしさが出てくる．

【解答例2】　田中一郎といいます．会社では，毎日一日中パソコンに向かっています．趣味は読書です．最近では『○○○』という本を読んで感動しました．旅行も好きであちこち行きます．今度の夏には沖縄へ行こうと思っています．

### (3)「相手を意識する」スパイス

①，②に加えて，さらに相手に自分を覚えてもらいたいとき，有効なのがこのスパイスだ．例えば，得意分野や趣味に関して「○○のことなら自信があります．何でも聞いてください」とアピールしてみよう．「スペイン料理に興味がありま

す．お薦めのレストランがあったら教えてください」というようなものも使える．相手に働きかける表現を使えば，周囲の人が話しかけやすくなる．自己紹介をきっかけに話が盛り上がるように工夫しよう．

**(4)「失敗談や苦手なことについて話す」スパイス**

初対面ではお互い緊張していることが多い．そんなとき，このスパイスを加えると，親近感を持たれる．「方向音痴で，今日もここにたどり着くのに駅から15分もかかりました」とか，「実はこういう自己紹介の場がものすごく苦手です」などのことばは，聞き手の緊張感を和らげ，親近感や共感を呼ぶだろう．「話しかけやすい人」というイメージを出せれば成功だ．

どうだろうか．同じ「田中一郎」という素材を料理するにしても，加えるスパイスによって印象は異なる．ありふれた一品を，印象的な逸品として表現できるかどうかは君の腕次第だ．では，このような点に注意しながら，ここからは，自分自身を分析して，インパクトのある自己紹介を作ってみよう．

**【練習問題1】** 表1.1に自分のことを書いてみよう．いろいろな場面を想定して，できるだけたくさん書いてみよう．

表1.1 自分自身について

|  | 単語で | 具体的に／(最近の) エピソード |
|---|---|---|
| 職業・専門分野 |  |  |
| 趣味・特技 |  |  |
| 経歴 |  |  |
| 教えてほしいこと |  |  |
| 失敗談 |  |  |
| 苦手なこと |  |  |
| 抱負 |  |  |

「君」という素材の分析はできただろうか？　どういう良さをどう引き出すのかについてよく考えよう．この表の内容を組み合わせるだけでも十分インパクトのある自己紹介となるが，場面を考えて話す内容を吟味することも必要だ．職場での顔合わせのときと，カジュアルな会合のときとでは話す内容を変えたほうが

よい．職場での自己紹介では，今までの経歴や仕事への意気込みを話そう．最後に指導を頼むような一言を入れるのを忘れずに．

では最後に練習問題だ．表1.1を使いながら，場面に合った自己紹介になるように工夫しよう．

【練習問題2】 以下の中から2つの場面を選び，それぞれの場面に合った自己紹介を考えよう．
1. 大学のサークルの新入生歓迎会（新入生として）
2. 大学のサークルの新入生歓迎会（先輩として）
3. 外国人との国際交流パーティー
4. 新しい職場に配属された時の顔合わせ

【解答例】 1. はじめまして．1年生の田中一郎といいます．初めての場所で緊張しています．高校まではバスケットボール部で，実はテニスは今までしたことがありません．でも，先日，先輩方の活動を見ていたら，本当に楽しそうで，絶対にこのサークルに入りたいと思いました．初心者でわからないことばかりなので，いろいろ教えてください．よろしくお願いします．

2. 1年生のみなさん，ようこそテニスサークルへ．新しいメンバーが入ってきてくれてうれしいです．僕は2年生の田中一郎といいます．僕は高校までテニスは未経験でしたが，ここの先輩たちはみんな本当に優しくて，一から丁寧に教えてくれます．だから初心者の人も安心して何でも聞いてください．ちなみにテニス以外の趣味はハイキングです．興味のある人は今度ぜひ一緒に行きましょう．

3. はじめまして．田中一郎です．○○大学の2年生です．旅行が好きです．いままで，アジアの国にたくさん行きました．外国では，おいしいものを食べたり，観光したりする．辛い料理も大好きです．みなさんの国のおいしい料理も教えてください．英語が少し話せますので，英語でも大丈夫です．ぜひ友達になりましょう．

4. はじめまして．今日からこちらに配属となった田中一郎と申します．大学では○○を専攻しておりました．子供のころから車が好きで大学も工学部に進みましたので，こちらで研究開発に携わることができるのを本当にうれしく思っております．最初はわからないことばかりでご迷惑をおかけすると思いますが，ご指導のほど，よろしくお願いいたします．

【解　説】　1は，真面目な新入生という印象にしてみた．テニス未経験で不安はあるが，このサークルに魅力を感じていることが伝わる自己紹介．最後に「教えてください」と言うことで真摯(しんし)さをアピール．

2は「頼もしい先輩」を印象づける自己紹介．自分の経験を語って新入生の不安を取り除こうとしている．最後にハイキングに誘うことで，プライベートでも仲良くなれそうな先輩という印象を与えている．

3は，外国人が多いことを意識し，簡単な日本語にしてみた．外国料理に興味があること，英語ができることをアピールしているため，外国人にとって話しかけやすい存在になる．

4は，職場での自己紹介ということで，社会人としての言葉遣(づか)いを意識した．職場の仲間とはこれから話す機会も多いであろうから，最初はあまりたくさんアピール要素を入れなくてもよいだろう．それよりも「しっかりした言葉遣いができる新入社員」という印象を与えたほうがよい．

　少し自信が持てるようになっただろうか．第一印象は非常に大切なものだ．自己紹介をするときには内容はもちろんだが，それ以上に，「明るくハキハキと」「名前はゆっくりはっきりと」「相手の顔をしっかり見て」という態度が大切だ．自信を持って堂々と自己紹介に臨もう．

## 言葉コラム1　「使える表現（1）」

　社会人になると学生時代の言葉遣いのままでは不都合が生じることも多い．しかし，君たちの中には「敬語は苦手」という人もいるだろう．そんな人は，よく使われる表現をそのまま覚えてしまうとよい．以下では，ビジネス場面においてよく使われる，そのまま覚えておくと便利な表現をまとめてみる．

『いつもお世話になっております』

　顧客や取引先の人への挨拶など．返答には「こちらこそ～」を使う．（例：「〇〇株式会社営業部の〇〇でございます．いつもお世話になっております」「こちらこそ，お世話になっております」）

『〇時に伺(うかが)います』

　アポイントメントをとるときなど．自分が相手の所を訪問する場合，「〇時に行きます」では少し口語的すぎる．そんなときは「行く」の謙譲語「伺う」を使うとよい．（例：「では，3時に御社に伺います」）

『今ちょっとよろしいですか／お時間よろしいでしょうか』

　目上の人に依頼や質問をするとき，いきなり依頼や質問をするのではなく，本題に入る前にまず，今話しかけてもいい状態かどうか確認する．(例：「課長，今ちょっとよろしいでしょうか」「はい」「明日の会議に使う資料のことでお尋ねしたいことがあるのですが」

　また，電話でも，本題の前に，まず相手が今話せる状態かどうかを確認したい．(例：(電話で)「○○株式会社営業部の○○でございます．いつもお世話になっております」「こちらこそ，お世話になっております」「今，お時間よろしいでしょうか」)

『○○はただいま席をはずしております』

　電話がかかってきたときや，訪問を受けたとき，名指しされた人が不在の場合には，「いません」ではなく，「席をはずしている」という言い方を使う．(例：「○○さんいらっしゃいますか」「申し訳ありません．○○はただいま席をはずしております」)

『〜ていただきたいんですが／〜ていただけないでしょうか』

　目上の人への依頼表現である．「〜てください」「〜お願いします」と最後まで言ってしまうと，丁寧でも命令することになり，やや失礼な感じを与えてしまう．「〜ていただきたいんですが」と，こちらの希望のみを伝え，相手にやってほしい内容を暗に示したり，「〜ていただけないでしょうか」と質問の形にしたりして，相手に判断をゆだねることで丁寧さが増す．(例：「見積書にサインをいただきたいんですが」「この書類に目を通していただけないでしょうか」)

『〜てもよろしいでしょうか』

　目上の人の許可を求めるときの言い方．さらに丁寧な表現には「〜(さ)せていただいてもよろしいでしょうか」がある．(例：「体調がすぐれないので，今日の午後は，早退してもよろしいでしょうか〈早退させていただいてもよろしいでしょうか〉」)

『申し訳ありません』

　謝罪する際，「ごめんなさい」では口語的すぎる．「申し訳ありません」「申し訳ありませんでした」を用いるのがよい．もう少し程度が軽い場合には「すみません」「すみませんでした」を用いる．(例：「約束の時間に間に合わず，本当に申し訳ありませんでした」)

## 1.2　社会で通用するマナーを身につけよう

　一人前の社会人を目指す君にとって，マナーを身につけることは非常に重要だ．

ビジネスで通用するレベルのマナーを身につければ，周囲の人とよい人間関係を築くことができ，会社からも取引先からも信頼され，仕事もスムーズに進む．一方で，マナーを無視した態度は，本人の評価を落とすだけでなく，勤務する会社に迷惑をかけることにもなる．

### 1.2.1 基本的なビジネスマナー

ここでは，社会人が常識として知っておくべき「基本的なビジネスマナー」を説明しよう．「そんなことは常識だ」と思っていても，軽く流さずに，自分自身の常識をきちんと見直し，実行することが大切である．常識が身についていれば，インターンシップなどでも必ず役に立つ．

**(1) 身だしなみ**
- 会社の規則に従う．華美な服装は避ける．「仕事」であることを忘れずに．
- 男性の長髪やひげを剃らないのは，周囲に不快感を与えることがあるので避けた方がよい．
- 女性の派手な化粧や派手なマニキュアも避けた方がよい．

**(2) 出社時**
- 始業時刻の15分〜30分前には出社して仕事の準備をする．
- 欠勤するときは必ず会社に連絡する．事前にわかっているときは前日までに上司の許可をもらっておく．
- 遅刻しそうなときも，必ず会社に電話を入れる．

**(3) 会社で**
- 席を外すときは，同僚に行き先と戻る時刻を伝えてから席を立つ．私用の外出はしない．
- 部屋に入るときはノックをする．
- 喫煙場所を守る．
- 仕事中に私用の電話やメールをしない．
- 会社のコピー機や電話，インターネットを私用に使わない．
- 重要な書類やデータを机上に置いたまま席を外さない．
- 会議に出席するときは，開始時刻の5分前には席につく．
- 上司や取引先の相手には敬語で話す．

### (4) 退社時

・終業時刻を過ぎてから帰る準備を始める．
・会社のデータを家に持ち帰らない．

(1) から (4) までのビジネスマナーの基本は，君の頭の中にきちんと記憶されただろうか．それを確認するために，以下の質問に答えてみよう．つまることなく，すらすらと答えられるかな？

【練習問題3】 1. 会社の始業時刻が 9：00 だとしたら，何時に出社すべきか．
2. 会社に行く途中で電車が止まり始業時刻に間に合わない．どうすべきか．
3. 夜，友人との食事の約束があったが，残業で遅れることになった．会社の電話で友人に連絡をしてもよいか．
4. 営業で外へ出たついでに喫茶店で休憩してもよいか．
5. 勤務中に 30 分間ほど隣の部屋に資料を探しにいく必要ができた．同僚に何と言って席を立つか．

【解答例】 1. 8：45 までには出社する．
2. 会社に電話し，電車のトラブルにより遅れること，何時に着けるかを伝える．
3. 会社の電話を私用に使ってはいけない．
4. ついでであっても勤務時間中に私用をしてはいけない．
5. 「隣の部屋に資料を探しに行ってきます．30 分ほどで戻ります．」

### (5) お辞儀

挨拶(あいさつ)は人間関係の潤滑油だ．握手をしたり，頬にキスをしたり，ときには抱擁したり，世界にはいろいろな挨拶の仕方がある．日本では「お辞儀(じぎ)」が最も一般的な挨拶の仕方である．お辞儀をされて怒る人はまずいない．ここではお辞儀の基本について学ぼう．

お辞儀には「会釈(えしゃく)」「普通礼」「丁寧礼」「最敬礼」の4種類がある．お辞儀をするときは，男性は手を体の横で自然に伸ばす．女性は手を体の前に置き，両手の指を軽く重ねる．お辞儀をし慣れていない人は，まず，頭を下げることから始めよう．「そんなこと，小さいときからしている」という人は，きちんと使い分けることで，お辞儀の達人になろう．

〔お辞儀の種類〕
- 会釈　：頭を軽く下げる→　社内で人とすれ違うとき
- 普通礼：体を30度くらい倒す→　上司や来客に挨拶するとき
- 丁寧礼：体を45度くらい倒す→　謝るときやお礼を言うとき
- 最敬礼：体を90度倒す→　重要なお願いをするときや，ひどい失敗を謝るとき

### (6) 名　刺

　日本の社会では，名刺が非常に大切にされている．仕事で初めて会ったとき，まず名刺交換をし，お互いの名前や立場を確認する．また，会社内の所属や役職が変わったときにも，それまで付き合いのあった人に名刺を渡して報告する．管理職以上しか名刺を持たない国も多いが，日本では，会社に入ったばかりの新入社員も名刺を持つ．新入社員にとって，名刺は名前を覚えてもらうための小さな武器である．そんな武器を有効に使うことで，社会人として，鮮やかなスタートを切ろう．

〔名刺を渡すときのマナー〕
- 目下の人や訪問した人から，先に名刺を出す．
- 名刺は両手で差し出し，両手で受け取る．
- 差し出すときは，相手が読める方向に向けてわたす．
- 名刺を受け取ったら，書いてあることをきちんと確認し，肩書や名前などについて一言ことばを交わすとよい．
- もらった名刺は名刺入れにしまう．ポケットなどに直接入れるのは，相手に対して失礼な印象を与えるので気を付ける．
- もらった名刺はしっかりと管理する．
- 帰社後に，もらった名刺の裏に訪問日や訪問内容，話した内容などをメモしておくとわかりやすい．

【練習問題4】　自分の名刺を作ってみよう．必ず入れなければならない情報は何か，入れたほうがよい情報は何か，よく吟味しよう．また，情報の重要度によって表現の仕方も異なることにも配慮しよう．

【解答例】

```
(株)サイコウ社
人事部人事課
教育係  東山 千草
〒000-0000
日間多市東区X-XX-X
電話 090-XXXX-XXXX
Eメール: xxxxx@xxxx.co.jp
```

```
美名尾理工大学大学院
○○工学専攻
アンクル・パップ Ankur Papp
〒000-0000
日間多市昭和区X-XX-X
携帯 090-XXXX-XXXX
Eメール: xxxxx@xxxx.ac.jp
```

【解説】 プライベートでも，名刺を作っておくと便利だ．初対面の人に自己紹介をするときに渡そう．ブログのアドレスや趣味を書いておくと，それだけで話が盛り上がる．また，顔写真を入れるのも効果的だ．次に会ったときもすぐに思い出してもらえるだろう．名刺をうまく使ってどんどん人脈を広げていこう．

## 文化コラム1 「知ってますか？　日本の常識」

　国によって常識とされることが異なるように，外国では問題視されなくても，日本ではマナー違反とされることがある．また，学生時代は許されていても，社会に出ると許されないこともある．ここでは，日本で社会人として生活するための常識をいくつか挙げておこう．日本で育った人も「常識だ」と読み飛ばしてしまうのではなく，外国から来た人と付き合う場合の参考にしてほしい．常識は文化によって異なる．一見無礼に見える振舞いも，文化の違いに基づいていることを認識し，国際人としての包容力を身につけよう．

『食事のマナー』
・ごはんの茶碗，みそ汁などのお椀は，手に持って食べる．
・口にものを入れたまま話をしない．
・食べ物をはしで突き刺して食べない．
・他の人が食べているときはタバコを吸わない．吸いたい時は一言断ってから吸う．

『時間を守る』　始業時刻や会議の開始時刻などのビジネス場面に限らず，約束の時間は常に守る．友人との待ち合わせなどでも，遅れる場合は必ず携帯電話などで連絡を入れよう．きちんと時間が守れるかどうかが，君の人間としての信頼性に繋がる．

『公共道徳』　公共道徳を守るのは社会人としての基本だ．道にゴミを捨てたり，レスト

ランや電車，バスの中で大声で会話したりするのはマナー違反である．また，車を運転するときにはやたらにクラクションを鳴らしてはいけない．日本では，クラクションが原因で喧嘩になることもある．もちろん，歩行者には道を譲る．

『お金を借りない』 相手が親しい友人や恋人でも，気軽にお金を借りてはいけない．

『携帯電話の使用』 日本は携帯電話のマナーに厳しい．次の 1.2.2 項「電話のマナー」に詳しく説明してあるから，しっかり確認しよう．

『ゴミの出し方』
・決められたルールに従って分別して出す．ルールは地域によって異なるので，十分に注意する．
・必ず収集日に出し，他の日には出さない．

『謙遜の美徳』 日本には，控え目であることを美徳とする伝統がある．自分をアピールしすぎると傲慢だととられることがあるので注意しよう．

『敬語』
・目上の人に対しては，敬語を使って話す．
・初対面の人には，相手が年下でも敬語を使う．

## 1.2.2 電話のマナー

電話は，遠くにいる相手と即座につながることができる便利なツールだ．最近は携帯電話の普及によって，いつでもどこでも連絡をとることができるようになった．仕事をするうえでも電話は必要不可欠なものだが，お互いの顔が見えない場合，言葉遣いやマナーに特に気をつける必要がある．ここでは，基本的な電話のマナーを身につけよう．

(1) 一般的なマナー
・飲食をしながら電話をしてはいけない．
・外出先で電話をするときは静かな場所，周りの人の邪魔にならない場所でかける．
・固定電話の近くには筆記用具（メモ用紙とペン）を置いておく．
・会社で支給された携帯電話を私用に使ってはいけない．
・携帯電話のカメラ機能で人を撮影するときには，その人の許可を得る．

(2) 通話してはいけない場所
以下のような場所では携帯電話の電源を切っておこう．

・飛行機の中
・病院の中
・映画館・劇場・美術館など
・会社での会議中や打ち合わせ中

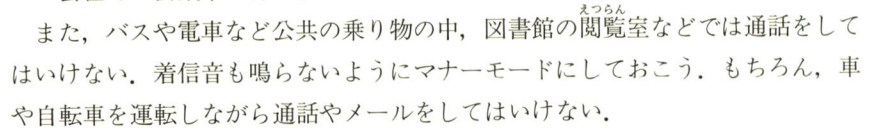

また，バスや電車など公共の乗り物の中，図書館の閲覧室などでは通話をしてはいけない．着信音も鳴らないようにマナーモードにしておこう．もちろん，車や自転車を運転しながら通話やメールをしてはいけない．

(3) 電話をかけるときのマナー

電話をかける前には，必ず次のような準備をしておこう．
・相手に伝えたいこと，聞きたいことをメモしてからかける．
・相手が不在のときのことを考えておく（伝言を残すかどうかなど）．
・相手の話をメモできるように，筆記用具を手元に置いておく．

電話をかけるタイミングなどにも気をつけよう．
・会社の始業時刻直後は朝礼などで忙しいことが多いので，電話は控える．
・お昼休み中も相手の食事の邪魔になることが多いので，避けたほうがよい．
・取引先など他社の人に電話をかける場合は，原則として固定電話にかける．携帯電話にかけるのは，緊急のときだけにする．

通話中は，次のようなことに気をつけよう．
・電話をかけて相手が出たら，まず自分の所属・名前を言う．
・名指し人に変わってもらったら，もう一度自分の所属・名前を言う．
・用件を話す前に，今話してもいいか相手の都合を確認する．
・間違えて電話をかけたときは，丁寧に謝ってから切る．

【練習問題5】 次の木村さんの会話のよくない箇所（マナー・言葉遣いなど）を指摘し，どのように直したらよいか考えよう．

　　木村：（電話をかける）
　　田中：はい，海洋商事です．
　　木村：あのー，吉田部長いますか．
　　田中：あの，失礼ですが，どちらさまでしょうか．
　　木村：森林商事の木村です．
　　田中：いつもお世話になっております．大変申し訳ないのですが，ただいま吉田

は出張に出ておりまして……
木村：明日だったらいますか．
田中：はい．明日の午後2時頃戻ると思いますので，戻り次第こちらからお電話いたしましょうか．
木村：うん．じゃあよろしく．
田中：はい．では吉田に……
木村：（電話を切る）

【解答例】　木村：（電話をかける）
田中：はい，海洋商事です．
木村：私，森林商事の木村と申しますが，先日の○○の件でお尋ねしたいことがございまして．吉田様はいらっしゃいますでしょうか．
田中：いつもお世話になっております．大変申し訳ないのですが，ただいま吉田は出張に出ておりまして……
木村：明日はいらっしゃいますか．
田中：はい．明日の午後2時頃戻ると思いますので，戻り次第こちらからお電話いたしましょうか．
木村：すみません，ではお願いします．
田中：はい．では吉田に伝えておきます．森林商事の木村様でございますね．私，田中と申します．
木村：田中様ですね．では，よろしくお願いします．
（電話を切る）

【解　説】　木村さんは，次のような点に気をつける必要がある．
・電話をかけたら最初に名乗る．
・相手の会社の社員には敬語を使って話す．
・どんな用件で電話をしたのか言ったほうがよい．
・相手が話している最中に電話を切らない．

**(4) 電話を受けるときのマナー**

・鳴ったら相手をあまり待たせずに出る．
・ビジネスの電話では，最初に自分の所属・名前を名乗る．
・相手の所属や名前を確認する．

・取り次ぐ場合は保留ボタンを押すか，送話口を手で押さえる．
・30秒以上保留にする場合は途中でもう一度電話に出て謝る．
・伝言を受ける場合は，用件を復唱して確認しながら，わかりやすくメモをとる．最後に自分の名前をもう一度伝える．

【練習問題6】 次の田中さんの会話のよくない箇所（マナー・言葉遣いなど）を指摘し，どのように直したらよいか考えよう．

（電話が鳴る）
田中：はい，もしもし．
木村：あのー，海洋商事さまでしょうか．
田中：はい，そうです．
木村：私，森林商事の木村と申しますが，先日の○○の件でお尋ねしたいことがございまして．吉田様はいらっしゃいますでしょうか．
田中：今はいらっしゃいません．
木村：そうですか．何時頃お戻りになりますか．
田中：私にはわかりません．
木村：そうですか……，ではまた夕方頃お電話いたします．
田中：わかりました．（電話を切る）

【解答例】 （電話が鳴る）
田中：はい，海洋商事です．
木村：私，森林商事の木村と申しますが，先日の○○の件でお尋ねしたいことがございまして．吉田様はいらっしゃいますでしょうか．
田中：いつもお世話になっております．あいにく今会議に出ておりまして，1時間ほどで戻る予定なのですが，戻り次第こちらからお電話いたしましょうか．
木村：そうですね．では，お願いします．
田中：森林商事の木村様ですね．では伝えておきます．私，田中と申します．
木村：田中様ですね．では，よろしくお願いします．
（電話を切る）

【解　説】 田中さんは次のような点に気をつける必要がある．

- ビジネス場面では「もしもし」は使用しない．
- 電話を取ったら最初に会社名などを名乗るべき．
- 社外の人に対して，自社の人のことに敬語を使用してはいけない．
- 自社の人のスケジュールは把握しておく．わからないときも他の社員に尋ねるなどして，誠意を示すべき．
- 電話の終わり方が冷たい印象を与える．もう少し相手に配慮すべき．

### (5) 伝言メモの書き方

電話を受けて名指し人がいなかった場合は，必ず伝言メモを残しておく．以下の事柄を簡潔にまとめる．

- 電話のあった日時（○月○日○時○分）
- 誰から誰への電話か
- 用件
- 電話を受けた人・メモの作成者（自分の名前）

■【練習問題7】 練習問題5の田中さんになったつもりで，伝言メモを書いてみよう．

【解答例】

```
吉田部長 へ

・森林商事の木村様から
  ○○の件で問い合わせ
・出張から戻り次第、
  お電話いただきたいとのこと．

          3月8日(水)14:45
                    田中
```

### 1.2.3 訪問と応接のマナー

社会人になると，他の会社を訪問したり，会社を訪れた人の応接をしたりする機会も多くなる．上司やお客様の家を訪れる機会の出てくる人もいるだろう．訪

問や応接は気を遣うことが多いものだが，基本的には相手の立場に立って，どうされたらうれしいかを考えて行動すればよい．ここでは，社会人として知っておくべき訪問と応接の基本的なマナーを学ぼう．

### (1) 訪問のマナー

〔訪問の基本マナー〕
- 訪問するときは，事前にアポイントメントを取っておく．
- アポイントメントを取るときは，できるかぎり相手の都合に合わせる．
- 約束の時間に遅刻しないように訪問する．時間通りに着くように，事前に交通手段などをチェックしておく．
- 遅れそうなときなど，予定の変更がある場合は，必ず連絡する．
- ビジネス関係の訪問では，名刺を忘れずに持っていく．

〔到着時のマナー〕
- 会社を訪問する場合，受付で名刺を出して名乗り，アポイントメントの時間と相手の名前を伝えて取り次いでもらう．
- 案内してもらうときは，相手の斜め後ろを歩く．
- 個人宅を訪問する場合，相手側の準備もあるので，早く行きすぎるのは失礼．早く着いてしまった場合は近くで時間をつぶす．
- 個人宅では，玄関を入るときに「お邪魔します」などと言う．スリッパをすすめられたら履く．

〔応接室で〕
- 応接室に入るときには「失礼いたします」などと挨拶をする．
- 部屋に通されたら，すすめられるまで椅子には座らない．
- 座って相手を待つときは，相手が入ってきたらすぐに立って挨拶をする．
- かばんは足元か，椅子・ソファーの横に置く．
- 予定の時間に終わるように話をする．長居はしない．

### (2) 応接のマナー

〔応接の基本マナー〕
- アポイントメントの時刻までに，応接の準備をする．
- 相手が来たら，挨拶は明るく，笑顔で．
- 案内するときは，相手の名前や用件を確認してから．

〔案内するときのマナー〕
- 自宅の場合は，玄関を上がるときにスリッパをすすめる．
- 案内するときは，相手の斜め前を歩く．
- 会社の廊下の曲がり角では方向を示す．
- エレベーターでは，乗るときも降りるときも相手を先にする．
- ドアを開けるとき，「手前に開くドア」では相手を先に通し，「押して開くドア」では自分が先に入る．
- 応接室では，ドアから遠い席（上座）に案内する．
- 相手を立ったまま待たせない．

〔お茶を出すときのマナー〕
- 茶碗と茶たくは別にして持ってきて，サイドテーブルなどでセットする．
- 相手側・目上の人からお茶を出す．
- 自分が飲む前に相手にすすめる．

(3) 見送るとき
- 外に出て見送るときは，相手が見えなくなるまで見送る．

【練習問題8】 訪問・応接のマナーとして間違っているものを選ぼう．
- A．応接室が寒いので，コートを着たまま商談をした．
- B．来社したお客様に「名刺をいただけますでしょうか」と言った．
- C．来社したお客様が名乗らなかったので，名前を尋ねた．
- D．お客様をエレベーターで案内するとき，自分が先に降りて案内した．
- E．お客様を案内中，押し開きのドアがあったので，自分が先に通った．
- F．応接室に，お客様と自分の上司がいて，お茶を出すことになったので，自分の上司に先に出した．

【解　答】 A，D，F

【解　説】 A：コートを着たまま相手に会うのは失礼．応接する側も，室内温度には気を配るのがマナー．D：エレベーターでの案内は，相手に先に降りてもらう．F：お茶を出すときは必ずお客様から．

【練習問題9】 次のようなときはどうしたらいいか考えよう．
1. 訪問してきたお客様の名指し人が会議中で，あと30分ほどで終わる予定だ．お客様にどのように言うのがいいだろうか．

2. お茶を出しに応接室に行ったところ，急に人数が増えていて，お茶が足りない．どうしたらいいだろうか．

【解答例】 1.「申し訳ありません．ただいま会議中で，あと30分ほどで終わる予定なのですが，いかがいたしましょうか」のように，相手の意向を尋ねる．
2. とりあえず，持ってきた分のお茶をお客様から順に出す．足りない人には「すぐにお持ちいたします」と言って部屋を出る．

【解　説】 1では，いきなり「こちらでお待ちください」などと言って椅子をすすめたりしてはいけない．何も言わずに30分も待たせるのは失礼だ．相手が待つという場合は応接室に案内する．

### 文化コラム2 「知ってますか？　上座と下座」

　日本の社会は上下関係や内と外の関係が重視される．お客様や目上の人の位置を「上座」，目下の人の位置を「下座」という．この「上座」と「下座」の考え方は，会議のときの座席や食事をするときの席次，エレベーターの中，タクシーの中など，さまざまなところに現れる．社会人のマナーとして，基本的な位置関係を知っておこう．
　・応接室　→　入口から遠いところが上座　入口から近いところが下座
　・会議室　→　議長に近いところが上座　議長から遠いところが下座
　・和室　　→　床の間に近いところが上座　床の間から遠いところが下座

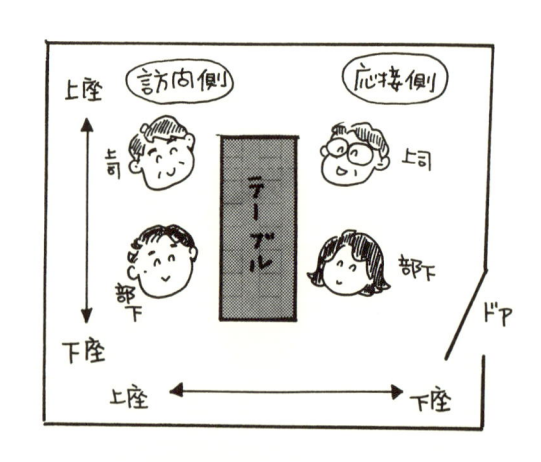

・エレベーター　→　奥が上座　階数ボタンの前が下座
・自動車　→　運転手がいる場合は，運転席の後部が上座
　　　　　　　取引先の人や上司が運転する場合は，その隣が上座
　　　　　　　後部に3人乗る場合は，中央が下座
・電車・飛行機　→　窓側の席が上座　窓から遠い席が下座

## 1.3　社会人の話し方をマスターしよう

　日本の社会において，よい人間関係を築くうえで重要なのが，話し方だ．特に，「敬語」や「クッションことば」は重要である．敬語には「丁寧語」「尊敬語」「謙譲語」がある．また，「クッションことば」という，語調を和らげるのに効果的なことばもある．こうしたことばを使うのは，日本人でも苦手な人が多いので，使う場面を想像しながら，何度も練習しておこう．
　ここで注意した方がよい点を1つあげる．人は誰でも苦手だと思えば思うほど意識する．「使わなくちゃ」という意識が強すぎるため，やたらに使ってコテコテの表現になってしまう．これではかえって格好悪い．社会人のマナーとして，まず，失礼ではない程度の表現をするよう心がけよう．そして，場面や状況に合わせてさりげなく使いこなすことができれば，君の株も上がるはずだ．

### 1.3.1　丁　寧　語

　ことばを丁寧にすることで，話される状況を高く扱う態度を示し，間接的に相手への尊敬の気持ちを表す．いくつかのレベルに分かれるものもある．たとえば，「～だ」の中レベル丁寧語は「～です」，高レベル丁寧語は「～でございます」だ．「～です」を使うのも丁寧だが，「～でございます」を使えばもっと丁寧になる．日常的には中レベルまでしか使わないことが多いが，顧客と会話をするときなど，ビジネスの場面では高レベルの丁寧語もよく用いられる．
　　例：受付はあっちだ　→　あちらです　→　あちらでございます
　　　　会議室は3階にある　→　あります　→　ございます
　　　　これでいいか　→　いいですか　→　よろしいでしょうか
　また，丁寧な会話では，漢語（漢字のことば）がよく使われる．和語（ひらが

なのことば）よりも漢語のほうが格調高いというイメージがあるためだ．これも丁寧語の一種と言えるだろう．

　　　例：このあいだ　→　先日

　　　　　はんこ　→　印鑑

**【練習問題 10】** 以下のことばを丁寧にしてみよう．
1) だれ　2) どこ　3) ○○してもいいですか　4) そっち　5) あっち
6) 今日の朝　7) さっき　8) あとで　9) ○○だけど

**【解答例】** 1) どなた　2) どちら　3) ○○してもよろしいでしょうか　4) そちら　5) あちら　6) 今朝　7) 先ほど　8) 後ほど　9) ○○ですが

**【練習問題 11】** 店員になったつもりで，（　）の部分を丁寧に言ってみよう．
　　客：配達，お願いできるかしら．
　　店員：お宅は（1. どこ？）
　　客：福岡なんだけど．
　　店員：(2. じゃあ，2日後になるけど，いい？)
　　客：ええ，お願い．あら，この伝票，はんこがいるの？
　　店員：(3. ううん，はんこはいらないから，サインをお願い．)

**【解答例】** 1. どちらでございますか？
　2. では，2日後になりますが，よろしいでしょうか？
　3. いいえ，印鑑は不要でございますので，サインをお願いいたします．

ここでは高レベル丁寧語の例を挙げたが，ほかにもいろいろな言い方がある．

### 1.3.2　尊　敬　語

話題の中心となる人物を高めることで尊敬の気持ちを表す．動詞を普通の形から尊敬語の形に変えるには，大きく分けて3種類の作り方がある．「お○○になる」，「○○れる」，そして，別の単語を使うものである．

**（1）お○○になる**

動詞の「○○ます」という形から作ってみよう．「○○」の前に「お」，後に「になる（になります）」をつければよい．ただし，「利用します」のように，

「〈漢語〉＋します」というタイプの動詞は，〈漢語〉の部分だけを「○○」に入れ，前につくのが「ご」になる．

例：帰る　→　帰ります　→　お帰りになる
　　利用する　→　利用します　→　ご利用になる

(2) ○○れる

受け身の意味にもなる，「書かれる」「見られる」などの形も，それだけで立派な尊敬語として使える．

例：明日来ますか　→　来られますか
　　いつ出張しますか　→　出張されますか

「ご利用される」のように，①「ご利用になる」と②「利用される」を二重に入れたような表現もときどき見かける．これを二重敬語という．二重敬語は，避けた方がよい．

【練習問題12】　同僚との会話：「お○○になる」または「○○れる」タイプの尊敬語を使った会話に直してみよう．

　A：部長は，もう帰ったかな．
　B：さっきまで，専務と話していたみたいだけど？
　C：今日の午後から出張するんじゃなかったっけ．
　A：まずいなあ，急ぎの書類があったんだけど，読んだかなあ．

【解答例】　下線部が尊敬語になっている．かっこ内の形でもよい．

　A：部長は，もうお帰りになったかな．（帰られた）
　B：さっきまで，専務と話されていたみたいだけど？（お話しになって）
　C：今日の午後から出張されるんじゃなかったっけ．（ご出張になる）注1
　A：ええっ，急ぎの書類があったんだけど，お読みになったかなあ．（読まれた）

【解　説】　最近時々耳にするが，注1で「ご出張される」や「ご出張する」を使うのは，間違いである．二重敬語や「ご＋〈漢語〉＋する」という言い方は，きちんとした場では使わないように注意しよう．

(3) 形の変わる尊敬語

尊敬語には，完全に形が変わってしまう単語もある．数は少ないが，一つひとつ覚えるしかない．

例：いる → いらっしゃる　　言う → おっしゃる
　　食べる → 召し上がる　　見る → ご覧になる
　　行く・来る → いらっしゃる

【練習問題13】　同僚との会話：全く別の形になるタイプの尊敬語を使った会話に直してみよう．

　　A：サンプル試食会，まだ会長が来ないのか．
　　B：今回は「必ず来る」と言っていたんだが．
　　A：そういえば，時間変更のメールをお送りしたけど，見たかなあ．
　　B：いずれにせよ，いつでも食べていただけるよう，用意しておこう．

【解答例】　下線部が尊敬語になっている．

　　A：サンプル試食会，まだ会長がいらっしゃらないのか．
　　B：今回は「必ず来る」とおっしゃっていたんだが．
　　A：そういえば，時間変更のメールをお送りしたけど，ご覧になったかなあ．
　　B：いずれにせよ，いつでも召し上がっていただけるよう，用意しておこう．

【練習問題14】　尊敬語のどのパターンを使うか考えながら，場面に合った表現に直してみよう．

　1．（上司に）「明日は会社に来ますか？」
　2．（電車の中で上司に）「どこで降りますか？」
　3．（上司に）「明日は出張から何時ごろ戻りますか？」
　4．（上司に）「○○の件，もう部長には話しましたか？」
　5．（目上の人に）「○○という映画は見ましたか？」
　6．（目上の人とレストランに行って）「何を食べますか？」

【解答例】　1．「明日は会社にいらっしゃいますか？」
　2．「どこでお降りになりますか？／降りられますか？」（「どこで」を「どちらで」に変えるとより丁寧）
　3．「明日は出張から何時ごろお戻りになりますか／戻られますか？」
　4．「○○の件，もう部長にはお話しになりましたか？／話されましたか？」
　5．「○○という映画は，ご覧になりましたか？」
　6．「何を召し上がりますか？／何になさいますか？」

「尊敬語」の使い方はマスターできただろうか．すらすらと口から出てくるようになるまで何度も練習しよう．

### 1.3.3 謙譲語

自分を相手より低い位置に置くことで，尊敬の気持ちを表す．謙譲語も，大きく分けて3種類の作り方がある．「お○○する」，「○○ていただく」，そして，別の単語を使うものである．

#### (1) お○○する

尊敬語の (a)「お○○になる」と同じように，「○○ます」の形から作る．「〈漢語〉＋します」というタイプの動詞は，「お」のかわりに「ご」を使う．また，「する」を「申し上げる」に変えて，さらにへりくだった言い方を作る場合もある．

例：その書類を持ちます → お持ちします
　　明日連絡します → ご連絡します → ご連絡申し上げます

#### (2) ○○ていただく

人の行為で，自分が恩恵を受けるものについて，自分を低くしながら言う形である．非常に便利な表現なので覚えよう．

例：先ほど，鈴木さんに教えていただきました．
　　先週，課長に貸していただきました．

これを質問の形にすると，目上の人に何かを頼むときに使える表現になる．

例：このやり方を教えていただけないでしょうか．
　　この資料を貸していただけますでしょうか．

#### (3) 形の変わる謙譲語

尊敬語と同じように，完全に形が変わってしまうものもある．

例：いる　→　おる　　　　　　行く・来る　→　参る・伺う
　　言う　→　申す・申し上げる　見る　→　拝見する
　　もらう　→　いただく　　　　会う　→　お目にかかる

【練習問題15】 謙譲語のどのパターンを使うか考えながら，場面に合った表現に直してみよう．

1. （朝，上司に電話で）「頭が痛いから休みます」

2. （目上の人に）「私のお父さんが○○って言ってました」
3. （取引先に）「さっき送ってもらった資料，読みました」
4. （知らない人に）「あの本を取ってください」
5. （取引先に）「明日3時に行きます」
6. （上司に）「その資料，見せてください」
7. （取引先に）「明日会いたいんですが…」

【解答例】　1.「頭痛がするので，休ませていただけないでしょうか」
2.「私の父が○○と申しておりました」
3.「先ほど送っていただいた資料，拝見しました」
4.「あの本を取っていただけないでしょうか」
5.「明日3時に伺います」
6.「その資料を見せていただけないでしょうか」
7.「明日お会いしたいんですが／明日お目にかかりたいんですが」

　ここまで，丁寧語，尊敬語，謙譲語という3種類の敬語について勉強してきた．では，次は，敬語をうまく使い分ける練習をしよう．

【練習問題16】　以下の会話は，会社の受付に取引先の人（客）が来たという設定である．受付の人，客，それぞれのことばで，不適当なところを直してみよう．
　　（会社の受付に人が来る）
　　受付：だれですか？
　　客：取引先の○○会社の山田です．田中課長と会いたいんだけど．
　　受付：ああ，山田さんね．すぐ課長を呼ぶから，あっちでちょっと待っててください．
　　客：うん．お願い．

【解答例】　受付：どちらさまでしょうか．
　　客：取引先の○○会社の山田と申します．田中課長とお会いしたいのですが．
　　受付：山田様でございますね．すぐ課長をお呼びしますので，あちらで少々お待ちいただけますでしょうか．
　　客：はい．よろしくお願いします．

### 1.3.4 クッションことば

　何かを頼むときや断るときに，語調を和らげるために使うことばを「クッションことば」という．依頼や断りはストレートに伝えると相手が気分を害することがあるが，クッションことばをうまく使えば相手の気持ちを和らげることができる．同意しあうことをコミュニケーションの出発点にする日本人は，無意識のうちに活用していることが多い．

　たとえば，相手の提案を断るときや名指し人がいないときなどは，最初に「申し訳ありませんが（申し訳ございませんが）」と言う．また，質問するときなどには，「恐れ入りますが」と言ってから切り出すとよい．何かをお願いするときには，どちらを使ってもよい．

　例：「明日の午後2時からでいかがでしょうか」「<u>大変申し訳ありませんが</u>，その時間は別の予定が入っております」

　例：「<u>恐れ入りますが</u>，○○課長はいらっしゃいますか」「<u>申し訳ありませんが</u>，ただいま外出しております」

　このほか，ビジネス場面でよく使われるクッションことばには次のようなものがある．

- 失礼ですが
- お手数ですが
- 差し支えなければ
- せっかくですが
- ご迷惑をおかけしますが
- 分かりかねます／いたしかねます

　ビジネス場面では，ときには批判や否定に聞こえる発言をしなくてはいけないこともあるが，クッションことばをマスターすれば，無駄な摩擦を起こさず，スムーズに物事を進めることができる．ぜひ覚えよう．

**【練習問題17】** 以下のような場合，どのように答えればいいだろうか．

1. 電話に出たら，相手が名乗らずに話し始めた．相手の名前を聞きたい場合．
2. 上司に仕事を頼まれたがパソコンの操作方法がわからない．職場の先輩に教えてもらいたい場合．
3. 上司に飲みに誘われたが，体調が良くないので断りたい場合．

4. 顧客に書類に署名をしてほしい場合．
5. 依頼をされたが，自分の会社ではできないので断る場合．

**【解答例】** 1. 失礼ですが，どちらさまでしょうか．
2. 申し訳ありませんが，操作方法がわからないので教えていただけないでしょうか．
3. 申し訳ないのですが，今日は体調が良くないので，またの機会にご一緒させてください．
4. お手数ですが，こちらにご署名をお願いいたします．
5. 申し訳ございませんが，弊社ではいたしかねます．

**【解　説】**「申し訳ありませんが」は非常に便利な表現だ．さまざまな状況で使うことができるので，ぜひ覚えよう．

**【練習問題18】** 以下の文を適当な表現に直してみよう．
1. （取引先の相手に）「ここにはんこをおしてくれる？」
2. （取引先の相手に）「明日の打ち合わせに資料を持ってきてください」
3. （目上の人に）「その本，貸してほしいなあ」
4. （上司に）「○○の部分がよくわからないから説明してください」
5. （初対面の人に）「どこに勤めていますか」
6. （訪問先で食事に誘われて）「時間がないので帰ります」
7. （取引先の相手に）「明後日までにメールの返信をお願い」
8. （取引先に電話で）「ちょっと聞きたいことがあるんですが」

**【解答例】** 1.「お手数ですが，こちらに印鑑をお願いいたします」
2.「恐れ入りますが，明日の打ち合わせに資料をお持ちいただけないでしょうか」
3.「もしよろしければ，その本，貸していただけないでしょうか」
4.「○○の部分がよくわからないので，教えていただけないでしょうか」
5.「失礼ですが，どちらにお勤めでいらっしゃいますか」
6.「せっかくですが，今日は時間がありませんので，失礼させていただきます」
7.「お忙しいところ恐縮ですが，明後日までにご返信いただけると大変助かります」
8.「恐れ入ります．少しお尋ねしたいことがあるのですが」

## 1.3.5 間接的な表現

いくら敬語を駆使しても，言わない方がいいこともある．たとえば，目上の人の「知識」や「能力」に言及するのは失礼である．「わかる」「知る」「できる」などのことばをストレートに使うのは避けた方がよい．場合に応じて，立場をわきまえ，謙虚に発言することを心がけよう．

たとえば，自分がプレゼンをした後で，プレゼンを聞いていた上司たちに「おわかりになりましたか？」とストレートに聞くのは失礼だ．「わかる」の尊敬語「おわかりになる」を使っているが，このような質問は，相手の理解力に疑問をもっているように聞こえる．自分のプレゼン内容が理解してもらえたか知りたいときには，次のように言えば失礼にならない．

　　例：「わかりにくい箇所がございましたら遠慮なくおっしゃってください」

このように，もし問題があればそれを遠慮なく言ってほしいというようなことを，丁寧に依頼する言い方をする．そうすれば，相手は気分を害されないで質問などをすることができるので，結果的に円滑なビジネスにつながる．

同様に，「知っていらっしゃいますか」「おできになりますか」なども直接的に聞くと失礼な場合がある．特に「基本的な知識」や「自分ができること」に関して，上司に「あなたは知っていますか？／できますか？」と興味本位で聞くのは，非常に失礼だ．「自分が知らないこと／できないこと」を話題にしたいときは，「私は知らないのですが／できないのですが」ということを言った上で「教えてください」というスタンスを取ろう．

【練習問題 19】　次の表現を，適切な表現に直してみよう．
1. （書類の専門用語がわからず，上司がわかるかどうかもわからないときに）「この用語の意味，おわかりになりますか？」
2. （トラブルについて上司に相談したいが，知っているかどうかもわからないときに）「○○工場のトラブルの件を知っていらっしゃいますか？」
3. （特殊な機械の操作で，自分はできるが，取引先の相手ができるかどうかわからないときに）「この操作，おできになりますか？」

【解答例】　1.「この用語の意味がわからないので，教えていただけませんか」
2.「○○工場のトラブルの件で，ご相談したいのですが……」
3.「この操作について，何か問題がありましたら，おっしゃってください」

敬語に関する理解は深まっただろうか．最初は難しいと感じるだろうが，敬語の基本は，相手の立場に立って考えることだ．基本的なルールを身につけたあとは，どうしたら気分よく話ができるか，相手側の視点を持つことを心がけよう．

では，ここまで勉強してきた知識を総動員し，次の練習問題をやってみよう．

【練習問題20】 以下は，同じ会社内で異なる部署に所属する2人の社員の会話である．不適切な部分に下線を引き，適切な表現に直してみよう．

　　A：○○部の山田と申します．田中課長はいますか．
　　B：ただいま田中課長は外出していらっしゃいます．お帰りの時間はわかりません．
　　A：そうですか．先日，データをお送りさせていただきました件で来ました．データは拝見されましたでしょうか？
　　B：はい，拝見させていただきました．
　　A：そちらのご意見はどうですか？
　　B：申し訳ありません．課長が戻り次第，早急に検討して，そっちへ行きます．

【解答例】
　　A：○○部の山田と申します．田中課長はいらっしゃいますか．
　　B：ただいま田中は外出しております注1．申し訳ありませんが，帰りの時間はわかりかねます．
　　A：そうですか．先日，データをお送りした注2件で参りました．データはご覧いただけましたか？
　　B：はい，拝見しました注3．
　　A：そちらのご意見はいかがでしょうか？
　　B：申し訳ありません．課長が戻り次第，早急に検討してそちらへ伺います．

【解　説】 注1のように，別の部署の人に，自分の部署の人のことを話すときは謙譲語を用いる．先に学んだ訪問先（外部）の人に自分の会社（内部）の人のことを話すときと同じように考えればよい．注2，3では，「（お送り／拝見）させていただく」という表現をときどき目にするが，それでは敬語が過剰になってしまうので，気をつけたい．

## 文化コラム3 「知ってますか？ 家族・親戚の呼び方」

　日本のビジネス社会では，敬語を使って，自分自身を下に置き，相手を高めるよう話さなければならない．それだけでなく，それぞれの身のまわりの人について話す場合にも，注意が必要だ．相手の父親について話したいときは，「（あなたの）お父さんは，お元気ですか？」のように，父親を高めるよう話す．一方，自分の父親について話したいときは，「（わたしの）父は，元気です」のように，父親を低く扱う．相手から見れば，君のお父さんは，君の関係者だ．君自身にとって，日頃から尊敬するお父さんであっても，ビジネスの場面では，自分に関係するものとして，下に置かなければならない．逆に，相手の家族であれば，たとえ小さな子供でも，相手を高めるのと同じように高く扱わなければならない．たとえば，相手に女の子がいるなら「お嬢さん」と言おう．もっと丁寧にしたければ，「さん」を「様」に替えてもいい．家族は本人と同じように扱われると覚えてほしい．

　だから，日本には家族や親戚を指すことばがそれぞれ2つ以上ある．普通または低く

表1.2　家族・親戚の呼び方

| わたしの○○ | あなたの○○ | かしこまった文書で |
|---|---|---|
| 家族 | (1) | |
| 父 | お父さん | (2) |
| (3) | お母さん | ご母堂 |
| 妻／家内 | (4) | ご令室／ご令閨 |
| 夫／主人 | (5) | ご夫君 |
| 子供 | (6) | |
| (7) | 息子さん | ご子息／ご令息 |
| 娘 | お嬢さん | ご息女／ご令嬢 |
| (8) | おじいさん | ご祖父 |
| 祖母 | おばあさん | ご祖母 |
| (9) | お兄さん | ご令兄 |
| (10) | お姉さん | ご令姉 |
| 弟 | 弟さん | ご令弟 |
| 妹 | 妹さん | ご令妹 |
| おじ | おじさん | |
| 甥 | 甥御さん | |

**解答例**　(1) ご家族　(2) ご尊父　(3) 母　(4) 奥さん　(5) ご主人　(6) お子さん　(7) 息子
(8) 祖父　(9) 兄　(10) 姉

扱う言い方と，高める言い方だ．さらに，お悔やみなどの非常にかしこまった文書では，相手の家族を言うのに特に格式張った言い方が使われる．表1.2の空欄にどんなことばが入るか，確認してみよう（もっとたくさんあるかもしれないので，調べてみよう）．

　表1.2では「さん」を用いたが，もちろん「さん」を「様」にしてもよい．また，「ご○○」は「ご○○様」でもよい．「ご」は漢字で「御」と書くことも多いので慣れておくとよい．

　話しことばでは，夫を「旦那」，妻を「嫁」と言ったりすることもあるが，ビジネスの場面で使うことは避けたい．自分の家族を特に低く言う，「愚妻」や「豚児」などのことばもあるが，最近はあまり使われなくなっている．

# 第2章

# ビジネス文書

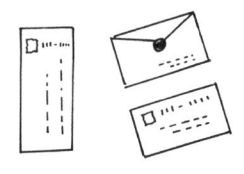

## 2.1 ビジネス文書の基本

　ビジネス文書は，ビジネスにおいて情報を伝える手段の1つで，特に正式に伝達したいときや記録を残したいときなどに用いられる．日々の業務の中では数多くの文書が作られている．日本語には「話し言葉」と「書き言葉」があるが，「書き言葉」の中でもビジネス文書には決まった形や言葉遣いがある．それを知っておくことは業務を円滑に進める上で必要である．

### 2.1.1　ビジネス文書の種類
　ビジネス文書には大きく分けて「社内文書」と「社外文書」の2つがある．一般に，社外文書は社内文書より丁寧な言葉を使う．また，会社ごとにさまざまなビジネス文書の形式が決められている場合が多い．実際に書く場合は，見本をよく見て，定められた形式に従い，さらにわからないことがあれば上司や先輩に確認してから書こう．自分勝手に判断したり，適当に省略したりしてはいけない．特に，社外文書は「会社として」外に出すものである．たとえ書いたのが新入社員であっても，一度出してしまえば，それは会社の正式な文書として機能する．甘えやミスは許されない．

#### (1) 社内文書
　主として社内の人が読む文書であり，以下のようなものがある．
- 日報：1日の業務を報告する文書．
- 遅刻・早退・欠勤届け：遅刻・早退・欠勤の許可をもらう文書．
- 企画書：仕事の企画を提案する文書．

- 議事録：会議の内容を記録する文書．
- 伝票：お金の出入りを記入する文書．
- 稟議書(りんぎ)：物を購入したりするときに決済を受ける文書．

### (2) 社外文書

主として社外の人に送る文書であり，以下のようなものがある．
- 申請書：相手の物を使うときなどに申し込む文書．
- 通知書：連絡先の変更や手続きの終了などを知らせる文書．
- 承諾書：相手からの依頼や要求を引き受ける文書．
- 依頼書：相手に仕事を依頼する文書．
- 督促状：支払いや商品の発送などをすぐに行うように伝える文書．
- 案内状：商品やイベントの案内などの文書．

### 2.1.2 ビジネス文書の基本書式

ビジネス文書は，①「前付」，②「本文」，③「後付」の3つの部分から成る．以下の見本を見てみよう．

---

　　　　　　　　　　　　　　　　　　　　　　　　　一営発300号
　　　　　　　　　　　　　　　　　　　　　　　　　平成23年3月15日

カメイチ株式会社
営業部第二営業課課長　山田太郎様

　　　　　　　　　　　　　　　　　　　　　　株式会社つるまや
　　　　　　　　　　　　　　　　　　　　　　営業部第一営業課課長
　　　　　　　　　　　　　　　　　　　　　　　　鈴木一男


　　　　　　「業務用プリンター展示会」についてのご案内


拝啓　早春の候，貴社ますますご盛栄のこととお喜び申し上げます．平素は格別のご厚情を賜り，厚く御礼申し上げます．
　さて，弊社ではこのたび業務用プリンターの商品ラインナップを一新いたしまして，「業務用プリンター展示会」を開催することとなりました．下記のとおり，お知らせいたします．
　ご多忙とは存じますが，是非ご来場くださいますよう，よろしくお願い申し上げます．

## 2.1 ビジネス文書の基本

```
                                            敬具

               記
 1. 日時  平成23年4月11日（月）～4月15日（金）10：00～17：00
 2. 場所  ささかまホール（仙台市笹釜区牛丹1-1）
                                            以上


            本件お問い合わせ先：
            株式会社つるまや第一営業課　高橋誠二
            TEL 022-×××-1234, FAX 022-×××-4321
            E-mail：takahashi.s@××××××.co.jp
```

　この文書を分解してみよう．以下では，パーツごとに，ビジネス文書の基本書式を学ぶ．

| 前付 | | [文書番号] |
| :---: | :--- | ---: |
| | | [発信年月日] |
| | [受信者名] | |
| | | [発信者名] |
| 本文 | [件名] | |
| | [頭語]　[前文] | |
| | [主文] | |
| | [末文] | |
| | | [結語] |
| 後付 | | [担当者名] |
| | | [連絡先] |

### (1) 前　付

　本文の前に，「文書番号」「発信年月日」「受信者名」「発信者名」を書く．「受信者名」は手紙の宛名にあたり，いくつか注意すべき点がある．

〔受信者名の注意点〕

　① 受信者名は正式名称を書く．会社の場合，個別の名称と「株式会社」のよ

うな種類の表記とのどちらが先に来るか（前株・後株という）も正式名称の一部である．逆にしないよう注意しよう．

　　　例：×カメイチ（株）　→　○カメイチ株式会社
② 社外文書の敬称は，会社など組織には「御中」，個人には「様」，多数の個人には「各位」を使う．

　　　例：×カメイチ株式会社　様　→　○カメイチ株式会社　御中
　　　例：×山田太郎　御中　→　○山田太郎　様
③ 役職名の後に敬称を付けてはいけない．

　　　例：×山田太郎課長様　→　○課長　山田太郎様

　一般に，「課長」という役職名と「様」という敬称が重なるのは，日本語として美しくないとされる．ただ，最近は，「～課長様」「～社長殿」などの言い回しをする人が増えている．「その方が丁寧だ」と主張する人もいる．「郷に入りては郷に従え」，入社したところのやり方に従うのが得策かもしれない．
④ 社内文書の場合は，一般に，「様」を使わない．役職がある人には役職名を付ける．役職がない人には「殿」を付ける．

　　　例：人事課　佐藤幸一　課長
　　　例：人事課　田中　弘　殿

## (2) 本　文

依頼書や案内状など，社外に出す正式な文書の本文は，「件名」「頭語」「前文」「主文」「末文」「結語」で構成されている．これに対し，社内文書は，「件名」と「主文」だけである．「頭語」「前文」「末文」「結語」は省略する．

　社外文書で必要となる「頭語」「結語」の対応には，決まった形式がある．また，「前文」や「末文」にも定型的な言い方が使われる場合が多い．普段使わない言葉なので少し難しく感じるかもしれないが，一般の改まった手紙文でも使える表現が多い．基本さえ覚えてしまえば大丈夫，社外文書も改まった手紙も恐れることはない．

〔頭語と結語〕

　頭語と結語はセットで用いる．「拝啓～敬具」の組み合わせが一般的である．返信の場合は「拝復～敬具」となる．手紙などでは次のような組合せもある．覚えておこう．「謹啓～敬白／敬具」（さらに改まった言い方），「前略～草々／不

一」(時候の挨拶を省略する，ややくだけた言い方)．

〔前　文〕
　前文は「季節の挨拶」「安否の挨拶」「感謝の挨拶」を組み合わせて作る．
　　例：新春の候，貴社ますますご盛栄のこととお喜び申し上げます．
　　　　季節の挨拶　　　　　　　　安否の挨拶
　　　　平素は格別のご厚情を頂き，厚く御礼申し上げます．
　　　　　　　　　感謝の挨拶

〔末　文〕
　末文は主文の最後に書く挨拶．相手によい印象を与えて締めくくれるような表現を心掛ける．
　　例：何卒(なにとぞ)よろしくご指導下さいますようお願い申し上げます．
　　例：取り急ぎ御礼まで．(略式)

**(3) 後　付**

「担当者名」や「連絡先」を書く．その他，用件を整理するために主文と分けて「別記」「追記」などを加える場合もある．まず，中央に「記」，その下に整理した用件を書き，最後に右端に「以上」と添えるのが一般的である．

## 2.1.3　ビジネス文書のことば

**(1) ビジネス文書の文体**

箇条書き部分以外は「です・ます体」で書く．さらに社外文書では，改まった手紙文と同じように，敬語を正しく使って書く必要がある．

また，数字は，原則としてアラビア数字 (1，2，3～) を用いる．ただし，「一方」「一応」のような熟語や，「千円札」，「数万人」などのように漢数字を使った方がわかりやすい場合は，漢数字 (一，二，三～) も用いられる．

**(2) 改まった文書で使える表現**

社外文書や目上の人への手紙など，改まった文書で使う表現にはさまざまなものがある．どのような挨拶にすればよいか困ったときには，手紙の書き方の本や電子辞書，インターネットなどの挨拶文例を調べてみるとよいだろう．「時間がない!!」という人のために，基本的な表現を整理して示す．「習うより慣れろ」，形式的な言い回しは使っているうちに身に付くものである．ざっと目を通したら練習問題をやってみよう．

〔季節の挨拶の例〕

1月（睦月<sup>むつき</sup>）：新春の候・迎春の候・大寒の候
2月（如月<sup>きさらぎ</sup>）：晩冬の候・余寒の候・立春の候
3月（弥生<sup>やよい</sup>）：早春の候・春寒の候・浅春の候
4月（卯月<sup>うづき</sup>）：陽春の候・晩春の候・春暖の候
5月（皐月<sup>さつき</sup>）：新緑の候・初夏の候・立夏の候
6月（水無月<sup>みなづき</sup>）：麦秋の候・梅雨の候・向夏の候
7月（文月<sup>ふみづき</sup>）：盛夏の候・猛暑の候・酷暑の候
8月（葉月<sup>はづき</sup>）：残暑の候・晩夏の候・立秋の候
9月（長月<sup>ながつき</sup>）：初秋の候・新秋の候・秋涼の候
10月（神無月<sup>かんなづき</sup>）：秋冷の候・秋晴の候・仲秋の候
11月（霜月<sup>しもつき</sup>）：晩秋の候・深冷の候・立冬の候
12月（師走<sup>しわす</sup>）：初冬の候・寒冷の候・師走の候

「〇〇の候」の代わりにいつでも使える「時下」（「最近」の意味）という表現もある．ただし，非常に改まった文書では使えない．

　　例：時下ますますご清祥のこととお慶び申し上げます．

〔安否の挨拶の例〕

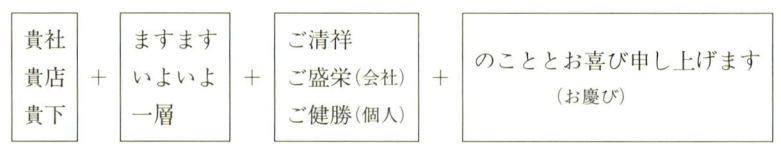

| 貴社<br>貴店<br>貴下 | ＋ | ますます<br>いよいよ<br>一層 | ＋ | ご清祥<br>ご盛栄(会社)<br>ご健勝(個人) | ＋ | のこととお喜び申し上げます<br>（お慶び） |

〔感謝の挨拶の例〕

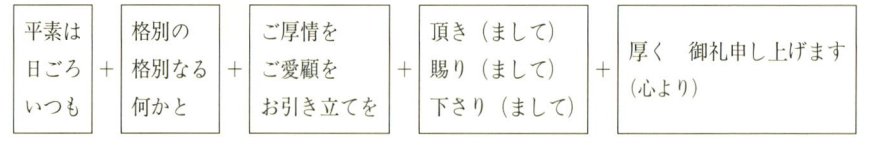

| 平素は<br>日ごろ<br>いつも | ＋ | 格別の<br>格別なる<br>何かと | ＋ | ご厚情を<br>ご愛顧を<br>お引き立てを | ＋ | 頂き（まして）<br>賜り（まして）<br>下さり（まして） | ＋ | 厚く　御礼申し上げます<br>（心より） |

## 2.1 ビジネス文書の基本

**【練習問題 1】** お願いの手紙：10年前に卒業した面識のない先輩に，就職を希望する会社の話を聞きたい．次のことばを参考にしながら，お願いの手紙を書いてみよう．

---

鈴木一郎様

拝啓 （ 季節・安否の挨拶 ）．

　さて，突然お願いのお手紙を差し上げる失礼を，まずお詫びいたします．私は（ 誰？＋相手との繋がりは？ ）．

　このたび，（ 事情の説明 ）．

　つきましては，（ 具体的な要求 ）．

　改めてお願いのお電話を差し上げます．ご多用中誠に恐縮ですが，ご高配のほどよろしくお願い申し上げます．

敬具

　（　年月日　）

（自分の名前）

---

**【解答例】**

---

鈴木一郎様

拝啓　早春の候，ますますご清祥のこととお喜び申し上げます．

　さて，突然お願いのお手紙を差し上げる失礼を，まずお詫びいたします．私は鈴木様が卒業されたつるま大学経済学部に在籍する3年生で，岸春子と申します．中村正先生の研究室でアジア経済史に関する研究をしております．

　このたび，就職活動で企業研究をしていたところ，鈴木様がお勤めの株式会社不老のウェブサイトを拝見し，大変興味を持ちました．

　つきましては，会社でのお仕事の内容ややりがいなどについて，先輩でいらっしゃる鈴木様から直接お話を伺いたいと思い，失礼を承知でお手紙を差し上げました．

　改めてお願いのお電話を差し上げます．ご多用中誠に恐縮ですが，ご高配のほどよろしくお願い申し上げます．

敬具

　2012年3月15日

岸　春子

---

**【解　説】** 目上の人にお願いをするのは難しい．下の立場の者が，上の者を，自

分の要求どおりに動かそうとするのだから当然である．この難しさを乗り切るためのスキルを，今のうちに身につけておこう．なお，こうした改まったお願いの場合，この手紙の最後にあるように，まず書面で依頼してその後電話で諾否を確認するのがよい．いきなり電話でお願いしたり，「1週間以内に諾否をご連絡ください」などと手紙に書いたりするのは失礼である．

【練習問題2】 お断りの手紙（内々定を辞退する）：2つの会社から内々定をもらった．そのうち，「株式会社つるまや」は，第一希望の会社ではなかったので，辞退したい．そのことを，人事課で採用を担当している「田中次郎」さんに伝えるための手紙を書いてみよう．

【解答例】

> 株式会社つるまや　人事課
> 採用ご担当　田中次郎様
>
> 拝啓　時下ますますご清栄のこととお喜び申し上げます．
> 　このたびは，内々定の通知を頂戴し，誠にありがとうございました．
> 　さて，このような光栄をいただきながら誠に申し上げにくいのですが，実は学校推薦の会社にお世話になることが決まったため，このたびの内々定を辞退させていただきたく存じます．採用ご担当の皆様には，ご厚情をいただきながら，このようなことになり，誠に申し訳ございません．どうか若輩のわがままをお許し下さい．
> 　本来でしたら，お目にかかり，直接お詫び申し上げるべきところ，書面にて失礼いたします．末筆ではございますが，御社の益々のご発展を心よりお祈り申し上げます．
> 　　　　　　　　　　　　　　　　　　　　　　　　　　　敬具
> 　2012年4月15日
> 　　　　　　　　　　　　　　　　　　　　つるま大学経済学部
> 　　　　　　　　　　　　　　　　　　　　　　　岸　春子

【解　説】　内々定をもらった会社に就職しないと決めたとき，「もう関係ないんだから，知らん顔しちゃえ」と思うかも知れないが，それは社会人として少し無責任である．後輩のためにも，「あの大学の学生は当てにならない」「常識を知ら

ない」と言われないようにしよう．そして，断るときには，相手に対して失礼にならないように配慮しながら，正直にきっぱりと断るのがよい．

━━━━━━ 言葉コラム2 「使える表現（2）」 ━━━━━━
　言葉コラム1に引き続き，ビジネス場面において，そのまま覚えておくと便利な表現を見ていこう．
『御社・貴社／弊社・小社』
　「御社・貴社」は相手の会社を敬って言う表現．話しことばでは主に「御社」を使う．逆に，「弊社・小社」は自分の会社をへりくだって言う謙譲表現．どれもビジネス頻出語である．（例：①「近日中に御社に新しいカタログをお持ちしたいのですが，いつがご都合よろしいでしょうか」，②（文書で）「貴社ますますご盛栄のこととお喜び申し上げます」，③「このたび，弊社では商品ラインナップを一新いたしました」）
『わたくし』
　ビジネス場面において，一人称は男女ともに「わたくし」が望ましい．（例：「わたくし，本日より御社を担当させていただくことになりました，山田と申します」）
『はい，わかりました』
　目上の人からの依頼を受けるときの表現．「いいですよ」では口語的で，上位者から下位者への言葉のように聞こえる可能性がある．顧客や取引先の人に対しては，より丁寧な「かしこまりました」を使う場合もある．（例：「この資料，コピーしておいてくれない？」「はい，わかりました」）
『すみません，今ちょっと取り込んでおりますので』
　目上の人からの依頼を断るときに便利な表現．今は時間がなくて（他に優先的にやるべきことがあって）できないことを伝える．「この○○を○時までに仕上げなければならないんです」など具体的に示す言い方もある．（例：「この書類，営業課の○○課長に届けてほしいんだけど」「すみません，今ちょっと取り込んでおりますので」）
『〜はちょっと……』
　相手の提案を断るとき，相手の意見に反対するときなどに用いる．日本語でははっきりと「だめです」「できません」などと述べることは好まれない．最後まで言わず，遠回しに伝えるときに便利な表現．（例：「では，来週の月曜日でいかがでしょう？」「月曜日はちょっと……」）
『失礼します』
　立ち去るとき，電話を切るとき，部屋に入るとき，部屋から出るときなどに使われる挨拶．周りの人より先に帰宅するときには「お先に失礼します」と言う．また，「失礼

しました」「大変失礼いたしました」などの形で謝罪に用いられることもある．(例：(電話で)「それでは，よろしくお願いいたします．失礼いたします」「失礼いたします」)

『お疲れさまでした』
　帰宅する社内の人への挨拶．取引先の人が帰る際には「わざわざご足労いただきありがとうございました」などを使う．「ご苦労さまでした」は目下の人にしか使えないので注意．(例：「お先に失礼します」「お疲れさまでした」)

　以上，ビジネス場面においてよく用いられる基礎的な表現を挙げてみたが，もちろんこれですべてではなく，業種や会社による違いもある．会社の上司や先輩たちの使っていることばを聞いて，少しずつ，ビジネス表現に慣れていくようにしよう．また，ここには挙げなかったが，「よろしくお願いいたします」「ありがとうございました」といった挨拶や，会釈などは何かあるごとに添えていくようにしたい．人に何かを頼むときには，「申し訳ありませんが」「恐れ入りますが」といったクッション言葉を付けるのもよい（1.3.4項「クッションことば」）．場の雰囲気を和らげ，よい人間関係を築くのに役立つ．日本社会は「和」を重視する社会であり，ビジネスにおいてもそれは例外ではない．相手に不快感を与えないよう，礼儀正しい表現を使って，気持ちよく働ける環境を作るようにしよう．

## 2.2　封筒の書き方・はがきの書き方

　最近はEメールや携帯電話など，便利で手軽に連絡が取れるツールが発達し，手紙を書く人は少なくなった．一方で，就職活動の履歴書や書類の送付，出欠確認の返信用はがきなど，「郵送」という手段もある一定の割合で利用され続けている．社会人として，封筒やはがきを正しく書くことは必須のスキルだ．書き方の基礎をマスターしておこう．

### (1) 宛名の書き方
・封筒，はがきともに，黒のペンで丁寧に書く．鉛筆やシャープペンシルは使用しない．
・宛名は封筒・はがきの中央にくるように書く．
・封筒・はがきともに縦書きが正式．最近は横書きも増えている．
・相手の住所や会社名を省略しない．

- 宛名が個人名の場合は「○○様」，組織の場合は「○○御中」とする．
- 役職名は名前の上にやや小さめに書く．

**(2) 差出人の書き方**
- 封筒・はがきともに縦書きにするのが正式．縦横は宛名書きに合わせた方がよい．
- 封筒は裏面の半分より左に差出人の住所・名前を書く．
- はがきは表面の左に差出人の住所・名前を小さめの字で書く．

**(3) 外脇付**

封筒の中身や差出人の要求を一言で書いたもの．封筒の宛名の左下に枠で囲んで書くのが一般的．特に何もないときには書かない．

例：｜○○在中｜　→　封筒の中身を示す．｜履歴書在中｜｜写真在中｜など．
　　｜親展｜　　→　宛名の本人以外は開封できない．

他に｜重要｜｜至急｜など，注意を喚起する言葉がよく使われる．また，「外脇付」の他に「脇付」というのもある．相手に敬意を表すために「机下」「侍史」などを宛名の脇に加えるものだが，現在はほとんど使われない．特に，ビジネス文書では使用しない．

**(4) 出欠確認の返信用はがき**

日本では，同窓会やパーティーへの出欠確認がはがきで行われることがある．「往復はがき」が送られてきたときは，往復はがきを半分に切り取って「返信」の側を送り返す．必ず期限までに相手に届くように返信しよう．「返信」の宛名は，「○○行」と印刷されていることが多い．その「行」を二重線で消して「様」と書く（組織の場合は「御中」）．裏面は，「出席」「欠席」のどちらかを○で囲み，もう一方を二重線で消す．なお，「御出席」「御欠席」「御住所」の「御」，「御芳名」の「御芳」は二重線で消すようにする．

「返信」にはメッセージを書いてもよい．特に，欠席の場合は一言添えて返信するとよい．結婚式の場合は，招待状とともに，出欠確認の「返信用はがき」が送られてくることが多い．この場合も書き方は同様であるが，裏面にお祝いの言葉を添えて返信するのが一般的だ．

では，実際に，以下の問題で封筒や返信ハガキを書く練習をしてみよう．

**【練習問題3】** 履歴書を郵送するための封筒に、宛名書きをしよう。宛先は、「〒123-1234　東京都青空市海広町2丁目8番地」にある「七河工業株式会社」内の1～4。

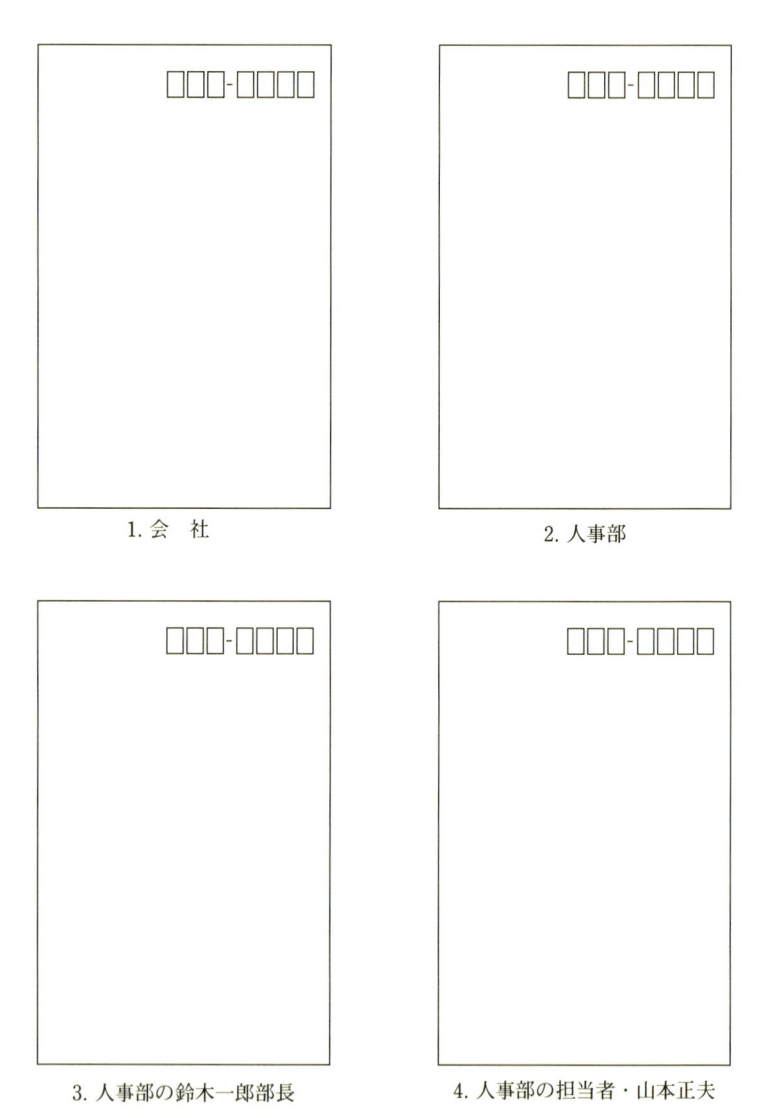

1. 会　社

2. 人事部

3. 人事部の鈴木一郎部長

4. 人事部の担当者・山本正夫

【解答例】

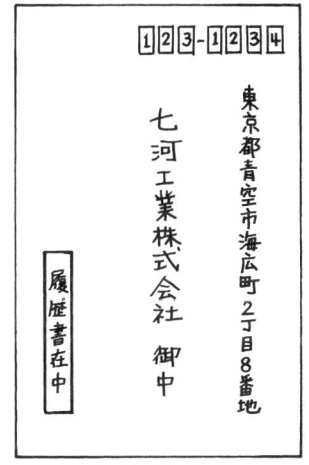

envelope 1: 〒123-1234 東京都青空市海広町2丁目8番地 七河工業株式会社 御中 　履歴書在中
1. 会　社

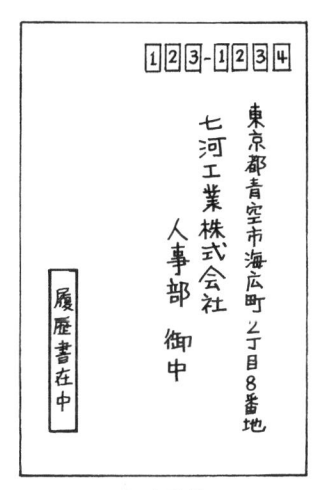

envelope 2: 〒123-1234 東京都青空市海広町2丁目8番地 七河工業株式会社 人事部 御中 　履歴書在中
2. 人事部

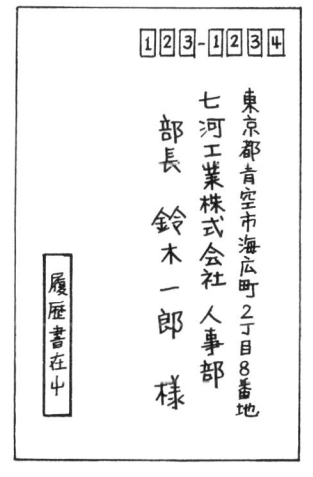

envelope 3: 〒123-1234 東京都青空市海広町2丁目8番地 七河工業株式会社 人事部 部長 鈴木一郎 様 　履歴書在中
3. 人事部の鈴木一郎部長

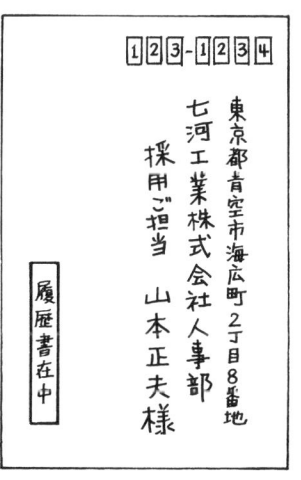

envelope 4: 〒123-1234 東京都青空市海広町2丁目8番地 七河工業株式会社 人事部 採用ご担当 山本正夫 様 　履歴書在中
4. 人事部の担当者・山本正夫

【練習問題4】 同窓会の出欠確認のはがきが来た．「出席」の返信を出そう．

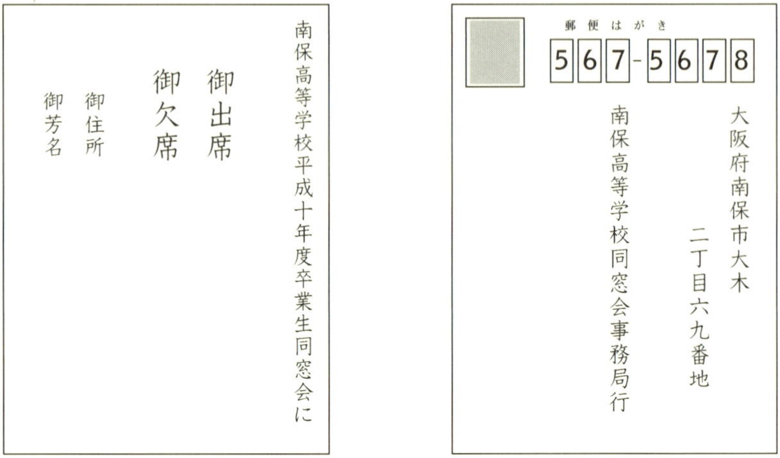

裏面：

南保高等学校平成十年度卒業生同窓会に

御出席
御欠席

御住所
御芳名

表面：

郵便はがき
567-5678

大阪府南保市大木
二丁目六九番地
南保高等学校同窓会事務局行

【解答例】

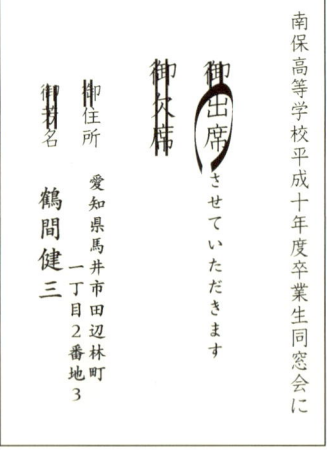

裏面：

南保高等学校平成十年度卒業生同窓会に

御出席（させていただきます）
御欠席

御住所　愛知県馬井市田辺林町一丁目2番地3
御芳名　鶴間健三

表面：

郵便はがき
567-5678

大阪府南保市大木
二丁目六九番地
南保高等学校同窓会事務局　御中

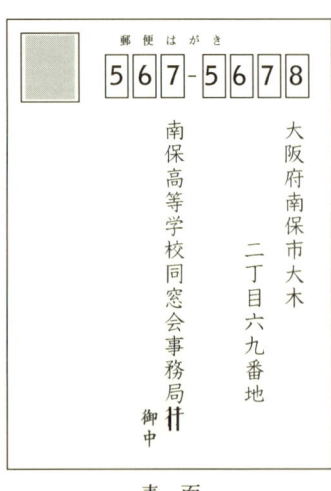

## 文化コラム4 「知ってますか？ 日本の年中行事 (1)」

　日本にはさまざまな年中行事がある．常識として知っておくべき行事や祝日について簡単に紹介しよう．まず，年末年始から3月頃にかけての行事や習慣を紹介する．

### (1) 年末年始の習慣

　年末年始（12月〜1月）は，1年の中で最も忙しい時期だ．12月29日〜1月3日は多くの企業が休みになる．

『クリスマス』　クリスマスはもともとキリスト教の行事だが，日本では，宗教と関係なく大きなイベントとなっている．クリスマスイブ（12月24日）は，家族や友達とパーティーをしたり，恋人とデートをしたりする人が多い．クリスマスツリーを飾り，フライドチキンやケーキを食べたり，プレゼントを交換したりする．

『忘年会』　その年に起こった嫌なことや苦労を忘れるためのパーティー．12月になると，同僚や友達と忘年会をする人が多い．レストランや居酒屋などでお酒を飲みながら楽しく過ごす．

『新年の準備』　前の年の内に行うことは，以下のようなことである．
- お世話になった人に年賀状を書いてポストに投函する．12月25日頃までに投函すれば，1月1日に配達される．
- おせち料理を作る．おせち料理は1月1日〜3日に食べる正月料理で，重箱に縁起のいい料理をつめたもの．
- 大掃除をして，お正月の飾り付けをする．「門松（かどまつ）」や「しめ縄（なわ）」，「鏡（かがみ）もち」などを飾るが，1日だけ飾るのは縁起が悪いため，12月30日までに飾る．

『大晦日（おおみそか）』　12月31日のことを「大晦日」という．夜，お寺では「除夜の鐘」が108回鳴らされる．仏教では人間には108の煩悩があり，鐘を鳴らすことで煩悩が消えると言われている．この除夜の鐘を聞きながら，長寿を願って「年越しそば」を食べる人が多い．

『新年の行事』
- 1月1日は家族でおせち料理と雑煮（ぞうに）を食べ，屠蘇（とそ）を飲んで新年を祝う．
- 親戚の家に挨拶にいき，親族が集まって過ごすのが日本の伝統．
- 神社やお寺に初詣に行って1年の幸せを願う．おみくじを引いたり，破魔矢（はまや）を買ったりする．

### (2) 2月〜3月の行事

『節分（せつぶん）』　立春の前日に豆をまいて邪気を払う行事．「鬼は外，福は内」と言いながら豆をまき，年の数だけ豆を食べると健康に暮らせると言われている．

『バレンタインデー』　2月14日．日本のバレンタインデーは，女性から男性にチョコレートを贈って愛の告白をする．恋人だけでなく男性の同僚や家族にも贈る人が多い．

最近は女性同士で友だちとチョコレートを交換することもあるし、自分にチョコレートを贈る女性も増えている。チョコレートをもらった男性は、3月14日の「ホワイトデー」にお返しをする。

『ひなまつり』 3月3日に行われる女の子のお祭り。女の子の成長や幸せを願って、「ひな人形」を家に飾る。甘酒を飲み、ひなあられを食べて祝う。はまぐりを食べる習慣もある。

『お彼岸』 春と秋の2回ある。3月21日頃、昼と夜の長さが同じになる日が「春分の日」という祝日で、この日の前後3日ずつを合わせた7日間の期間を春のお彼岸という。先祖への感謝をこめて、この期間中に家族でお墓参りをする習慣がある。秋は、9月23日頃の「秋分の日」とその前後を含めた7日間に同様のことを行う。

## 2.3 Eメールの書き方

パソコンやインターネットの普及に伴い、ビジネスにEメールは不可欠のものとなった。多くの会社で、社員への連絡や取引先との連絡にEメールが利用されている。ビジネス場面で使用するEメールには、書き方のマナーがある。Eメールは大変便利だが、相手の顔が見えず、声も聞こえない分、感情の行き違いや理解ミスが起こりやすい。マナーを守って書くことは誤解を少なくし、信頼感を高めることにつながる。ここでは、基本的なEメールの書き方を覚えよう。

### 2.3.1 Eメールの基本
**(1) 宛先の書き方**

「宛先」欄にアドレス帳から選択するか、直接アドレスを入力する。「宛先」に複数のアドレスを入力すると、それぞれのアドレスに同じメールが届く。

「Cc」には、「宛先」の人以外に副次的に目を通してほしい人のアドレスを入力する。「Cc」に入力した情報は、「宛先」「Cc」の両方の人に開示される。「Bcc」に入力した情報は他の人に開示されない。

**(2) 件名の書き方**

メールの内容を一言で表現する件名をつけるようにする。

例：×会議について　→　○7月15日の会議の延期について

　　　　×資料について　→　○留学フェアの資料送付依頼

特にすぐに読んでもらいたいメールには，件名に【至急】【緊急】【重要】などをつけるとよい．

　　例：【重要】7月15日の営業部会議の延期について

初めてEメールを送る相手のときは，件名の後ろに所属や名前を入れておくと親切だ．

　　例：留学フェアの資料送付依頼（北方大学・田中）

### (3) 本文の書き方

〔基本的なマナー〕
- 段落をつけるときは1行空ける．行頭の1字下げはしない．
- 1行の文字数は30文字程度におさえ，文の途中でも区切りのよい箇所で改行する．
- 正しい文字が表示されない（文字化け）可能性があるので，Ⅷ，㍉，㌘のような機種依存文字はなるべく使用しない．

〔冒頭の書き方〕
- 最初に「○○様」と相手の名前を書く．
- 相手の名前から1行空けて書き始める．

〔用件の書き方〕
- 適度に段落をつくりながら，簡潔にまとめる．

〔署　名〕
- 本文を書き終わったあとに，署名をつける．
- 所属・名前・メールアドレス・ファックス番号・電話番号などを入れたものをあらかじめ作成しておくと便利．

### (4) 返信の書き方

Eメールの送信側は，相手がメールを読んだかを確認できないことが多い．質問や依頼のメールはできるだけ早く返信するようこころがける．返信タブをクリックして返信する．相手が何の返信かすぐにわかるように，「件名」は書き変えない方がよい．

質問に回答するときは，引用機能を使用し，相手の文を適度に引用するとよいが，引用するときは，文を勝手に書き変えてはいけない．

以上が基本的なEメールのマナーだ．ここからは，ビジネスメールの書き方

を紹介しよう．

### 2.3.2 ビジネスメールの書き方

ビジネスメールといっても，難しく考える必要はない．以下の点に注意すれば，誰でも簡単にビジネスメールが書ける．

**(1) 宛先と件名**

まず，「宛先」を書いてみよう．数人に一斉送信する場合は，「宛先」「Cc」「Bcc」をうまく使い分けよう．特定のメンバーに一斉送信することが多い人は，メーリングリストを作っておくと便利だ．「件名」は必ず書き，メールの内容が一目でわかるように工夫しよう．

**(2) 本文について**

最初の行に宛名を書こう．よく知っている相手なら「○○様」でよい．初めてメールを送る相手や，あまりよく知らない相手の場合，また，同じメールアドレスを数人で共有している可能性がある場合は，「社名＋部署名＋○○様」のように，「所属＋名前」を書こう．

〔挨拶文〕

本文の冒頭は簡単な挨拶文を入れる．手紙のように時候の挨拶は書かない．取引先なら「いつもお世話になっております」，社内の人なら「お疲れさまです」などがよく使われる．また，挨拶文と同時に名乗るのがマナーだ．

　　例：七河工業人事部の田中です．お世話になっております．

　　例：お疲れ様です．人事部の田中です．

まったく知らない相手に送る場合は次のように書こう．

　　例：七河工業人事部の田中と申します．初めてメールいたします．

〔主　文〕

- 主文は，挨拶文から1行あけて書き始める．
- 最初にメールした目的を書く．
- 1つのメールには，1つの用件だけを書く．
- ビジネスにふさわしい言葉遣いをしよう（1.3節で学んだ敬語やクッション言葉を参考に考えよう）．私的なメールで用いられる顔文字などは使ってはいけない．また，「？」や「！」などの口語的な記号も多用しないこと．
- 意味のまとまりごとに1行あけて読みやすくまとめる．

〔むすび〕

最後に1行あけて,「以上,よろしくお願いいたします.」など,簡単にまとめる.

〔署　名〕

最後に署名をつけよう.ビジネスメールの場合は,会社名・部署名・名前・メールアドレス・電話番号・FAX番号を書くのが一般的.メール以外の連絡方法も書くのは,メールを受け取った相手が電話やFAXでも回答できるようにという配慮のためだ.

〔添付資料〕

相手の通信環境を考えて,大量のデータを添付するのは控えよう.普段あまりやりとりのない相手に,容量の大きい添付資料を送信しなければならない場合は,前もって送信してよいか確認しておいた方がよい.

　ここまでの内容を踏まえて書いたビジネスメールの例を挙げよう.

```
宛先：yamamoto@xxx.shien.or.jp
CC：yamada@xxx.shien.or.jp,yamashita@xxx.shien.or.jp
件名：留学フェア（北京）資料送付依頼
添付：sanka.csv(165Kb)

日本留学支援会　山本様
（CC：山田様　山下様）

留学推進協会の川原です.
いつもお世話になっております.

先日お願いいたしました「北京留学フェア」関係資料ですが,
その後どのようになりましたでしょうか.
5月20日10時現在,まだこちらで受取りを確認できておりません.
お手数ですが,ご確認の上,ご連絡くださいますようお願い申し上げます.

なお,業務の関係上,できれば今週末必着でご送付ください.
お忙しいところ申し訳ありませんが,どうぞよろしくお願いいたします.

＝＝＝＝＝＝＝＝＝＝＝＝＝＝＝
留学推進協会　広報チーム
川原誠
XXX-8888　八州市大正区市村町3丁目28番地
TEL XXX-987-6543
FAX XXX-987-1234
＝＝＝＝＝＝＝＝＝＝＝＝＝＝＝
```

第2章 ビジネス文書

催促のメールは書きにくいものだが，自分でも書けそうな気になってきたのではないだろうか．では，次の練習問題をやってみよう．

**【練習問題5】**「七河工業株式会社」が工場見学を実施するという話を聞いた．参加したいので，日時および申込方法を問い合わせるメールを書こう．

**【解答例】**

> 件名：工場見学の申込方法等に関する問合せ
> 七河工業株式会社　工場見学ご担当者様
>
> つるま大学大学院工学研究科博士前期課程情報工学専攻の
> 西郷笑子と申します．
> 初めてメールいたします．
>
> 貴社が工場見学を実施されるという話を耳にし，大変興味を持ちました．
> お手数ですが，実施日時と申込方法を教えていただけないでしょうか．
> 返信先は，下記のとおりです．
> 　　saigo@xxxxx.ac.jp　（本メールのアドレス）
>
> お忙しいところ申し訳ありませんが，どうぞよろしくお願いいたします．
> ================
> つるま大学大学院工学研究科
> 博士前期課程　情報工学専攻
> 西郷　笑子
> TEL XXX-777-1111

**【解　説】**　この場合，君は相手にとっては知らない人なので，初めにきちんと名乗るべきである．主文の冒頭には「就職活動を控え，貴社の業務内容に興味を持っております」などの文言を入れてもよい．返信のお願いは「本メールにご返信ください」でもよいが，解答例のように詳しく書いたほうが丁寧である．署名には電話番号も入れておこう．

========== 言葉コラム3「ビジネスで使うカタカナ語　大特集！」==========

　日本語の語彙の中にはたくさんの「カタカナ語」がある．カタカナ語を使わずに日本で生活することは不可能といっても過言ではない．カタカナ語の多くは英語由来のものだが，日本語にある音に当てはめているため，元になった語とは別の語に聞こえるものも多い．また，日本独自の意味で用いたり，本来の語順と異なる「和製英語」もあるため，注意が必要である．ここでは特に，ビジネスの場面でよく使われるカタカナ語につ

いて取り上げてみたい．

『アポ』/『アポイント』/『アポイントメント』〈——を取る〉 英語 appointment より．会合や人と会う約束．（例：部長に会うため，アポを取る）．

『エコ』 英語 ecology より．環境．エコカー（環境にやさしい車，電気自動車，ハイブリッド車など），エコグッズ（環境保護を考えて開発された商品）のように他の語と組み合わせて用いることも多い．（例：エコについて考えた商品開発を行う）

『カタログ』 英語 catalog より．目録，特に商品目録．（例：新製品をカタログに載せる）

『カット』〈——する〉 英語 cut より．削減．（例：会社の業績悪化のため，賃金をカットする）

『キャリア』〈——を積む・——を持つ〉 英語 career より．職業・技能上の経験，経歴．（例：彼はこの道 30 年のキャリアを持つ）

『キャンペーン』 英語 campaign より．宣伝活動．（例：新製品のキャンペーンを行う）

『クレーム』〈——をつける〉 英語 claim より．苦情，文句．（例：商品にクレームをつける）

『グローバル』〈——な〉 英語 global より．地球的規模（の），世界的規模（の）．グローバリゼーション（世界化）などの用法もある．（例：グローバルな観点から環境について考える）

『コスト』〈——がかかる・——を抑える〉 英語 cost より．費用，特に，商品の生産に必要な費用．コストダウン（コストを引き下げること），コストパフォーマンス（コストとの対比でみた商品の機能や満足度）などの用法がある．（例：思ったよりコストがかかった）

『コネ』 英語 connection より．関係，つながり．特に，物事をうまく運ぶのに役に立つ，親しい関係．（例：コネを使って就職する）

『コンセプト』 英語 concept より．基本となる観点・発想．（例：この車は「環境にやさしい」というコンセプトで作られた）

『コンセンサス』〈——を得る〉 英語 consensus より．意見の一致，合意．（例：事前に関係部署に説明し，コンセンサスを得ておいた）

『サイン』〈——する〉 英語 sign (signature) より．署名．（例：課長，この書類にサインをお願いします）

『シェア』〈——を占める〉 英語 share より．市場占有率，マーケットシェア．（例：その会社は，ビール市場の 70% のシェアを占める）

『ストック』 英語 stock より．在庫．（例：材料のストックがなくなり，慌てて発注した）

『セキュリティー』/『セキュリティ』 英語securityより．安全，防犯．セキュリティーシステム（警備保障会社などによる保安システム），セキュリティ対策ソフト（コンピュータウイルス対策ソフト）などの用法がある．（例：このビルはセキュリティーがいい）

『ターゲット』〈——にする・——を絞る〉 英語targetより．対象，特に，販売などの対象．（例：この商品は若い女性をターゲットにしている）

『データ』〈——を集める〉 英語dataより．推論するための資料・情報．（例：安全性に関するデータを集めるために実験する）

『ニーズ』〈——にこたえる・——に合う〉 英語needsより．要求，需要．（例：消費者のニーズに合った商品開発を行う）

『ノウハウ』 英語know-howより．技術的知識・情報，やり方．（例：仕事のノウハウを覚える）

『ノルマ』〈——がある・——を課す・——を達成する・——をこなす〉 ロシア語normaより．一定の時間内に達成すべき仕事量．（例：この会社には，1ヶ月に最低1台の車を販売するノルマがある）

『ハイテク』 英語high technologyより．先端的な科学技術．（例：その国ではハイテク産業が急成長している）

『ビジョン』 英語visionより．将来の構想，展望．（例：長期的ビジョンに基づいて改革する）

『プレゼン』/『プレゼンテーション』〈——（を）する〉 英語presentationより，会議などでの発表．（例：新しい企画についてのプレゼンをする）

『プロジェクト』 英語projectより．計画，企画．特に，大規模な事業計画．（例：新商品開発のプロジェクトに取り組む）

『マーケット』 英語marketより．市場．（例：新たなマーケットを開拓する）

『マニュアル』 英語manualより．手引き書，説明書．（例：社内マニュアルを読んで，仕事の手順を覚える）

『マネージメント』/『マネジメント』〈——する〉 英語managementより．経営，管理．（例：マネージメント能力のある人材を募集する）

『メーカー』 英語makerより．製造業者，特に，有名な製造会社．（例：各自動車メーカーが競って，低燃費の車を開発している）

『リコール』〈——する〉 英語recallより．欠陥商品を生産者が回収し，無料で修理すること．（例：その車は欠陥が見つかり，リコールされた）リコール車（＝欠陥車）などの用法がある．

『リスク』〈——がある・——を伴う・——を負う〉 英語riskより．危険，危険度．

(例:その仕事は大きなリスクを伴う)
『リストラ』〈――する〉 英語 restructuring より．人員削減のために，従業員を解雇すること．(例:不景気でリストラされた)

## 2.4 コミュニケーションツール・情報ツールを使いこなそう

　現代社会で活躍するには，さまざまなツールを活用してコミュニケーションや情報収集をこなさなければならない．たとえば，ビジネス文書を作成する際に，会ったことのない関係者と連絡を取り合うことや，適切な情報を素早く収集することが必要になることもある．また，これらの基本的なスキルを身につけておけば，研究や就職活動でも役に立つ．

　ここでは，代表的なコミュニケーションツールと情報ツールについて，それぞれにどんな長所・短所があるのかを考え，ビジネスの場面でもうまく使いこなせるようにしよう．何を選ぶかは，状況や相手，あるいは，知りたい情報の内容によって変える必要がある．

### 2.4.1 コミュニケーションツール

　では，早速，身近にあるさまざまなコミュニケーションツールについて，それぞれの特徴を把握しよう．実際に使った経験を思い出し，どんなときに使うのか，また，それぞれの長所・短所について考えてみよう．

① 手紙・はがき
② E メール（携帯電話）
③ E メール（パソコン）
④ 電話
⑤ ファックス

　まず，どんなときに使うかについて，一般的には ① 手紙・はがきは，前もって準備して，挨拶や報告をする場合，特に，目上の人へのお礼，年賀状，暑中見舞い，引越しの報告などに用いる．② 携帯電話での E メールは，緊急ではないがその日のうちに返事がほしいときや，友人と手軽に連絡を取りたいときに用いる．③ パソコンでの E メールは，添付書類を送ったり，連絡事項がたくさんあ

ったりして長くなるときに便利である．④電話は，緊急に連絡を取りたいときに使われることが多くなった．⑤形の残るファックスは，通達事項など相手に確認してもらいたい書類を送るときに使われている．

次に，それぞれの長所・短所を踏まえながら，特徴やビジネス場面での使い方の解説をしよう．

(1) 手紙・はがき

贈り物へのお礼や近況報告など，プライベートな場面で使われることが多い．メールや電話よりも格式の高い連絡方法と考えられており，さらに，手紙の方がはがきよりも丁寧である．特に，目上の人へのお礼などは，手紙にした方がよい．ただし，年賀状や暑中見舞いなどは，目上の人に対してもはがきで十分である．

手紙にしろ，はがきにしろ，手書きのものは心がこもっている印象を受ける．印刷された文字はみな同じように見えて，人柄が感じられないからだろう．「字が下手で，かえって失礼になりそう」と思う人は，せめて最後の署名だけでも手書きにしよう．「文は人なり」，後は内容のよさで補おう．

(2) Eメール（携帯電話）

プライベートな連絡に使用されることが多い．携帯電話は常に持ち歩くものなので，思いついたときにすぐに送信でき，都合のいいときに返信できるという点で大変便利である．また，簡単な用件であれば，声を出すのがはばかられる状況下でも伝えることができる．軽い印象を与えるので，重要な用件や謝罪などには向かない．

(3) Eメール（パソコン）

ビジネスの連絡によく利用される．携帯電話のEメールに比べ，長い文章や大きなデータを扱うのに便利である．複数の受信者に対して一斉送信したり，書類を添付したりして送ることもできる．送信側と受信側の両方に記録が残るので，後で確認することができる．ただし，パソコンをネットに接続しなければ使えないため，緊急の連絡には不向きである．

ビジネスの連絡では，書き方にマナーがあるので，本書を読んでよく勉強してほしい．そして，手軽に送れるがゆえの問題点もある．「とりあえず，係長と係の皆，それから課長と秘書さんにもCcで送っておこう」という心掛けはよいが，必要性の有無を的確に判断しないと，受信件数が増え，重要なメールを見逃すことがあるので注意が必要である．送信者には，相手が読んだかどうかがわからな

いのも難点だが，最近は「開封確認」の設定をすることもできる．ただし，これも100%とは言えない．

(4) 電　話

緊急の連絡や込み入った話をするときに使用する．相手の都合が悪いと連絡が取れないが，リアルタイムで相手と話ができるのが利点である．相手の状況に関係なく割り込み，話している間は相手を拘束することになるので，事前に話す事柄を決めて手短に終わらせるよう心掛けたい．訪問に比べるとやや手軽な印象があるため，重要な用件のときは先方に出向いて，直接話したほうがよい．また，話した内容の記録が残らないので，聞き間違いなどを防ぐために，常にメモを取りながら聞くようにしよう．重要なことはメールなどで改めて確認を取ったほうがよい．

(5) ファックス

一方的に連絡事項を伝えたり，書類を送付したりするときに使用する．相手側にもファックスの機器がないと送信できない．リアルタイムで相手に届くため，郵送より便利である．電話回線と機器が整っていれば，海外にも簡単に送ることができ，郵送より料金的に安い場合が多い．自動受信設定がされていれば，不在時にも受信できる．また，書き込みやメモなどをしてすぐに送り返したり，図面を送ったりすることもできる．ただし，色を正確に伝えるのが困難，小さい文字や薄い線は相手側が読めない可能性がある，などの点には注意が必要である．

以上，おおまかな用途と長所・短所を紹介した．これらの点を踏まえたうえで，それぞれの短所を補うように組み合わせて使えば，仕事がはかどるし，非常に丁寧な印象を与えることもできる．以下は一般的な対応の例である．

　　例：電話で話す　→　あとで話の内容をまとめてメールする
　　　　Eメールを送信　→　電話でEメールの確認を依頼
　　　　電話でファックスを送ることを伝える　→　ファックスを送る

「できる先輩」のやり方を学び，「有能な新人」として活躍したいものだ．

【練習問題6】　以下のような場合，どのように連絡を取るのがいいか考えてみよう．
　1．訪問先に行く途中，電車が遅れ，約束の時刻に間に合わない場合
　2．パソコンで作成した会議記録を，社員10人に確認してもらいたい場合
　3．手書きのメモを含む書類5枚を，今日中に取引先の人に確認してもらいたい場

合
4. 翌週の会議の日時の変更を社員全員に知らせたい場合
5. 取引先に，書類の間違いを訂正してすぐに送り返してほしい場合
6. 取引先で商談後帰宅する予定の社員に対して，終了後会社に戻るように伝える場合

【解答例】 1. 電話をかける．
2. パソコンのEメールに添付して一斉送信する．
3. ファックスで送信し，電話で確認の依頼をする．
4. パソコンのEメールで一斉送信する．
5. ファックスで送信し，電話で依頼する．
6. 携帯電話のEメールに送信する．携帯電話の留守番電話に録音する．

【解　説】 1では，リアルタイムで相手に伝える必要がある．2は，文書を添付できる点，一斉送信できる点で，パソコンのEメールが便利．3は，手書きのものの送信はファックスが便利．郵送はその日のうちに届かないこともある．4は，一斉送信できる点で，パソコンのEメールが便利．変更内容が翌週ではなく翌日のことであれば，電話などを使用．5は，書き込んで訂正し，それを返送できる点でファックスが便利．ファックスでの依頼にはあらかじめ電話をするのがマナーである．6の外出中の社員に連絡を取るのは携帯電話が便利．

### 2.4.2 情報ツール

現代は情報化社会と言われている．何かについて情報を得たいと思ったら，新聞を読む，テレビのニュースを見る，インターネットで調べる，図書館に行くなどさまざまな方法が考えられる．身の回りを見わたしても，新聞，雑誌，広告，テレビ，ラジオ，インターネット，本など，多くの情報ツールがあることがわかるだろう．それぞれの情報ツールの長所や短所を理解し，自分に必要な情報を選択し引きだすことができるようになろう．

以下では，「新聞」「テレビ」「インターネット」「本」「雑誌」について，それぞれの特徴を説明する．

## (1) 新　聞

大手の新聞社が発刊する日刊の一般紙では，政治，経済，地域，文化，スポーツなど，幅広いジャンルのニュースが掲載される．購読の申し込みをすれば，毎日自宅に配達される．リアルタイムで情報を得ることはできないが，ある程度内容のチェックを受けたうえで掲載されるため，情報の信頼性は比較的高い．記事の内容が間違っていた場合，後日，訂正記事が出ることもある．持ち運びが楽で，時間や場所を選ばず，都合のいいときに得たい情報だけ読むことが可能．紙の媒体なので記事の保存も簡単にできる．

## (2) テレビ

ニュース番組では，新聞と同様，比較的信頼性の高いニュースを伝える．一方で，番組によっては面白くするために脚色する，噂話を取り上げるなど，信頼性の低い情報も流されるため，取捨選択が必要である．受信するためには機器が必要だが，速報が可能で，動画や音声をリアルタイムで受信することもできる．情報内容を選択することができない，視聴したい番組の時間帯を選べないなどの短所はあるものの，受動的に情報を得ることができる．

## (3) インターネット

ある程度の即時性があり，情報量が豊富．受信するための機器と回線が必要だが，動画や音声も受信できる．個人による情報発信が可能であり，利用者同士のコミュニケーションもできる．客観的なチェックを経ていない情報も発信されるため，多種多様な情報が得られる反面，信頼性の低い情報も多く存在する．利用する際には情報の信頼性を注意深く判断する必要がある．

## (4) 本

即時性がないため，最新のニュースを得る際には役に立たない．しかし，時間をかけて作られるため，ひとつの事柄について詳細に調べたいときには大きな武器となる．編集段階で客観的なチェックを受けていることもあるが，一般に筆者の個人的な観点から書かれるため，情報の信頼性についてはある程度注意する必要がある．なるべく複数の本を参照することで，信頼性を見抜くようにしよう．また，知りたい情報を得るにはある程度の技術が必要なので，使いこなせるようにしておこう．調べ方さえマスターすれば，千年前のことであろうが外国のことであろうが，あらゆる情報を手に入れることができる．何百年も前の人が書いた文章を読むことができるのも大きな魅力だ．

### (5) 雑　誌

週刊，月刊などさまざまな情報誌が発刊されている．ある程度詳細な情報が，ある程度のチェックを経て発信される．比較的最近のニュースに関して，最新の研究結果・調査結果に基づき，幅広い観点から分析が加えられることも多い．ただし，面白くするために脚色されたり，筆者の個人的な観点から書かれたりすることもあるため，情報の信頼性についてはある程度注意する必要がある．

主な情報ツールの長所や短所を述べてきた．これを踏まえ，次の練習問題をやってみよう．

**【練習問題7】**　以下のような場合は，どのような情報ツールを利用するのがよいだろうか．その理由も考えてみよう．
1. 10分前に起きた地震の被害状況を知りたいとき．
2. 1か月前に起きた国際テロ事件が，世界の経済に与えた影響について知りたいとき．
3. 朝，通勤途中の電車の中で，昨日のニュースを知りたいとき．
4. 地球上で起きている環境問題についてレポートを書きたいとき．
5. 午後に他の会社を訪問することになり，初めて行く場所のため，急いで経路と電車の時刻を知りたいとき．
6. ボランティア活動について，さまざまな人の意見が知りたいとき．

**【解答例】**　1. テレビ：信頼性が高く，即時性があるため．
2. 雑誌：雑誌の特集では，比較的最近のニュースに関して，専門的な分析が加えられるため．
3. 新聞：持ち運びできるため，電車の中でも読める．
4. 本：信頼性が高く，多くの情報を入手できるため．
5. インターネット：経路と電車の時刻を短時間で検索できるため．
6. インターネット：個人による情報の発信が可能なため，多く人の考え方がわかる．

**【解　説】**　基本的には，新聞・テレビ・雑誌はニュースや世界の情勢を知るために利用され，本は何かのテーマについて調べるときに利用されることが多い．インターネットはその両方の要素を持つが，情報の信頼性の判断が難しく，しかも

2.4 コミュニケーションツール・情報ツールを使いこなそう　　59

利用者に委ねられる点に問題がある．これらの長所，短所を理解したうえで，コミュニケーションツールと同様，組み合わせて使用すれば，どのような事柄に関してもかなり詳細な情報を得ることができる．

　たとえば，練習問題7の「1．地震の被害状況」は，テレビ以外にインターネットも活用できる．インターネットは個人による情報発信が可能なため，被災地の住民自らが状況を伝えていることも多い．なお，停電のときはラジオが有効な情報ツールとなる．「4．レポート作成時」には，雑誌の特集号も大いに役立つ．環境問題の特集が組まれていれば，最近のデータや研究結果が手に入るので，ぜひ利用しよう．また，インターネットも活用できる．最初から本で調べるのは，慣れていない人には難しい．その点，インターネットは，どんなことでも手軽に調べられる．検索によって全体像を把握してテーマを絞り込んだり，情報の信頼性を本で検証したりと，組み合わせて利用すれば効果的だ．

　情報を得るときには，一つのツールだけで十分だと考えず，さまざまなツールを利用することで，多角的な理解を心がけよう．視野を広げることで，情報の信頼性に関しても適切な判断ができるようになり，情報化社会を生き抜く上で大きな力となる．

## 文化コラム5 「知ってますか？　日本の年中行事（2）」

　文化コラム4から引き続き，4月から11月頃にかけての行事や習慣と，1年間の祝日を紹介する．

『お花見』 3月～4月（北の地方では5月頃）にかけてあちこちで桜が満開になる．家族や友人，会社の仲間と一緒に，満開の桜の木の下でごちそうを食べたりお酒を飲んだりして，桜の花の美しさを楽しむ．

『ゴールデンウィーク』 4月の終わりから5月の初めにかけて休日の集中する約1週間．4月29日（昭和の日），5月3日（憲法記念日），5月4日（みどりの日），5月5日（こどもの日）の祝日がある．土・日曜日と組み合わさると大型連休になり，1週間ほど連続で休みになる会社もある．気候のよい時期なので，旅行に出かける人が多く，毎年，高速道路が渋滞し，新幹線や飛行機も満席となる．5月5日のこどもの日は，もともと男の子のお祭り（端午の節句）．こどもの健やかな成長を祈って「五月人形」や「こいのぼり」を飾り，「ちまき」や「かしわ餅」を食べる．

『梅雨』 6月～7月に北海道を除く日本全国で1か月ほど続く雨の時期．強い雨はあまり降らず，しとしとと1日中降り続くことが多い．湿度が非常に高くなるためカビが

生えやすく，食中毒にも注意が必要．梅雨が明けると本格的な夏になる．

『七夕』 7月7日．夫婦である彦星と織姫が天の川の両側に引き離されてしまったが，年に1度，7月7日の夜に会えるという中国の伝説による．七夕の日には，笹に願いを書いた短冊を結ぶ．

『お盆』 8月13日〜8月15日．多くの会社が休みになる．仏教では，お盆には先祖の魂がこの世に戻ってくるとされ，家族がそろって先祖を迎える儀式をする．寺や広場などでは，盆踊りが行われる．花火大会なども開催される．

『お月見』 旧暦の8月15日（9月中旬）に満月を見て楽しむ行事．「中秋の名月」とも言う．「月見だんご」と魔除けの「ススキ」を供える．

『敬老の日』 9月の第3月曜日．長い間社会に尽くしてきたお年寄りを尊敬し，いたわる日．孫は祖父母に肩たたきや贈り物をし，大人は両親にごちそうしたりする．

『運動会』 学校や地域などで行うスポーツの大会．体育の日（10月第2月曜日）の前後に行うことが多い．綱引き，玉入れ，騎馬戦など日本の伝統的な競技が行われる．小中学校ではダンスやマスゲームなどを練習して発表する．

表2.1 日本の祝日

| | | | |
|---|---|---|---|
| 1月 | 1日（元日），第2月曜日（成人の日） | 7月 | 第3月曜日（海の日） |
| 2月 | 11日（建国記念の日） | 9月 | 第3月曜日（敬老の日），23日前後（秋分の日） |
| 3月 | 21日前後（春分の日） | | |
| 4月 | 29日（昭和の日） | 10月 | 第2月曜日（体育の日） |
| 5月 | 3日（憲法記念日），4日（みどりの日），5日（こどもの日） | 11月 | 3日（文化の日），23日（勤労感謝の日） |
| | | 12月 | 23日（天皇誕生日） |

2011年9月現在．「国民の祝日に関する法律」で定められた祝日は，カレンダーでは赤色で表されることが多い．

# 第3章

# 就職を目指して

ここまで学んできたことで，君たちのビジネス日本語力はかなりアップしたことだろう．次は，社会に出てそれを活かしていく番だ．それには，まず，就職活動を成功させなければならない．

本章では，就職活動と，そこで用いる日本語について学ぶ．

## 3.1　A君とB君

君たちの中には，これから就職活動を始める人もいるだろう．あるいはすでに始めているかも知れない．そんな君たちのために，先輩はどのような就職活動をしたのか，紹介する．就職活動に成功したA君と，結果を出せないでいるB君の例を見ながら，就職活動の全体の流れを確認しよう．

### 3.1.1　機械メーカーへの入社が決まったA君

まず，うまくいっているA君の体験をまとめたものを読んでみよう．

**(1) 会社説明会**

10月ごろから同じ研究室の先輩たちに，就職活動の話を聞いた．大変だと皆が言っていたが，自分は大丈夫だと何となく思った．根拠はない．それでも，なるべく早く決めたかったので，気合を入れて，合同の会社説明会に行った．

説明会ではできるだけ多くの会社の話を聞いた．いろいろな可能性を検討した方がよいと考えたからだ．でも，結局，興味を持ったのは，専門に近い機械メーカーや家電メーカーの話だった．それで，個別の説明会は，興味のある会社に絞って行くことにした．

対象分野は絞ったが，それでも会社はたくさんあるので，大変だった．それぞれの会社が力を入れている点に注目して聞き，他社と比較し，結果をノートにまとめた．

## (2) 自己分析

大学の就職説明会で聞いた話を参考にして，自己分析をした．今までやってきたことを書き出して，自己PRできそうなことを探していった．しかし，参考書の「休みに外国でボランティア活動をした」などという素晴らしい例を読み，自信をなくした．僕は普通の大学生，自分の体験がとてもつまらないもののように思えた．自己PRできることが見つからない．聞いてみると，友達も同じ状況だったので，ほっとした．

二人で話しているうちに「いつも冷静だ」という長所があることに気付いた．そこで，家族や友達に「僕」についていろいろ聞いてみた．自分では気付かなかった長所や短所がわかり，それに関するエピソードもたくさん思い出した．

## (3) エントリーシート・筆記試験

全部で15社ぐらいにエントリーシートを書いて送った．それが多いか，少ないか，よくわからない．友達の中には，30社以上送った人もいた．

自己分析をきちんとしていたおかげで，書く内容は割合簡単に決まった．また，会社説明会で作ったノートを参考にしながら，会社が力を入れている点に沿ったエピソードを書き，自己PRをした．書き方のコツはマニュアル本を参考にした．学校の作文や論文とはかなり違う．相手は何百枚もエントリーシートを見るということをいつも意識しながら書いた．

筆記試験は，夏休みごろから少しずつ練習して，問題に慣れておいた．会社ごとに特徴的な問題ややり方があるようで，知り合いを頼って先輩に聞いた．

## (4) 面　接

いくつかの会社でエントリーシートが通過し，いよいよ面接に行くことになった．

最初の面接は，第一志望のP社で，しかも初めてのグループ討論だった．30分はあっという間で，自己紹介以外全く発言できなかった．結果は当然不合格だった．ほぼ同時にT社からも不合格の知らせが来た．自分が全否定されたような気がして丸一日寝込んでしまった．

友達に話したら，みんな不合格を経験していた．気を取り直して，残った会社に力を尽くすことにした．同時にエントリーする会社の範囲を広げた．みんなが知っている会社だけでなく，「隠れた一流」を探した．そして，面接前の準備に時間をかけた．キャリアセンターの模擬面接を受け，友達と練習したり，先輩に見てもらったりした．人前で繰り返し話しているうちに，緊張せずにまとまった話ができるようになった．本番の面接の経験も少しずつ増えていき，自分でも「変わったな」と思えるようになった．

結果は，2次面接まで進んだ会社が4社，3次までが2社，そのうち1社で内定を獲得することができた．この会社は中堅のメーカーで，世界のトップシェアを占める製品が2つある．技術力が高く，社員はみんな誇りを持って働いている．専門知識が生かせるし，将来性もある．第一志望ではなかったが，今は，「自分の会社はここだ」と思っている．就職活動を通して，僕自身，大きく成長したという実感があり，それが内定の獲得に繋がったと思う．

【練習問題1】 A君の成功の要因は何だろうか．次の点に注目して，考えてみよう．
1. 会社説明会に行くとき，どんなことに注意したか．
2. 自己分析はどのように行ったか．
3. 面接失敗の原因は何か．どのように乗り越えたか．

【解　説】 1. 会社説明会では，興味がある業界・業種に少しずつ絞り込みながら，会社を選んでいった点がよい．また，業界分析や企業分析をして，記録していった点もよかった．会社をきちんと知ることは，志望動機につながり，エントリーシートが書きやすくなる．就職活動は長期戦だ．少し面倒かも知れないが，その都度データを整理していけば，結果的に時間の有効活用が図れる．

2. 自己分析は，1人でやっていると行き詰ることがあるが，友達といっしょにすることで，自分を客観的に見ることができるようになる．

3. 最初の面接が，第一志望の会社というのはきつい．事前にある程度のスケジュールを把握しておき，それなりの対策を考えなければならない．特に，グループ討論は，1人では練習できない．普段からどのような態度で話し合うのがよいのかを考え，実践する必要がある．そして，就職活動ではほとんどの人が不合格を体験する．1人で落ち込まず，友達と励まし合えば，失敗のショックから早く立ち直ることができるだろう．また，練習を繰り返せば自信もつく．本来の自分が出せるようになれば，内定も近づくだろう．

### 3.1.2　いまだに就活継続中のB君

次は，なかなか内定を得ることができないB君の就職活動の様子を読んで，どのような点がA君と違うかを考えてみよう．

(1) 会社説明会

10月から就活サイトに登録して，会社説明会に参加し始めた．テレビなどでみんな

がよく知っている会社に入れば，親も喜ぶし，友達にも親類にも自慢できる．有名な会社は，安定しているから，つぶれることもない．業界も特にこれといった希望はないので，自動車産業，家電業界，IT業界，といろいろ回った．同じ業界の会社を見ると，S社，M社，P社，T社，……，みんな同じような製品だし，給料も同じぐらい，違いなんてあるのかと思った．そんなことより，有名な会社は説明してくれる人事担当の人もスマートでかっこいい気がする．どんな業種でもいい，有名な会社に絶対に入りたいという気持ちになった．手当たり次第に説明会に参加したが，それだけで，かなりエネルギーを使ってしまった．

(2) 自己分析

自己分析なんて何のためにするのだろうと思った．第一志望のP社のウェブサイトには「求める人材」として「リーダーシップのある人」と書いてあった．運よく，テニスサークルで副部長をしている．じゃんけんで決めた名前だけの仕事なので実はなにもしていないが，「リーダーシップがある」で行くことにした．

専門は機械だから，「機械が好きです」ということで大丈夫だろう．研究については，今は先輩の研究を手伝っている段階だ．先輩に言われたことを，そのままやっている．複雑な実験ができるのはアピールできるかもしれない．ただ，なぜそんな実験をしているのかは，はっきり言ってわからない．

(3) エントリーシート・筆記試験

エントリーシートは大切だと聞いていたので，見栄えがするようにがんばって書いた．マニュアル本の例を見て，自分と似たようなものを拾い出し，時間や場所を変えた．自分の経験や感想と違うこともあったが，あまり気にしなかった．格好よくしたかったので，少しオーバーに脚色した．

エントリーシートは手書きのものが多く，思ったより時間がかかった．締め切りに間に合いそうもなかったので，とりあえず空欄だけ埋めようと，最後の方は書きなぐってしまった．内容をじっくり考える余裕はなかった．それで，似たようなものがいくつも出来た．

筆記試験は，結構自信があったので練習しなかった．受験して初めて，問題を解く時間が短いことがわかって大慌てした．テストセンターの帰りに，対策本を買った．

大手ばかり10社ぐらいにエントリーシートを出したところで結果が来た．全く通過しなかった．行きたい会社がなくなり，自信も意欲もなくなった．4月の学会発表の準備があったので，就職活動を休止した．ある意味，逃げたのかも知れない．

### (4) 面接

 学会が終わってみると，周りにはすでに内定をもらった人が出始めていた．先生や先輩に相談した．とりあえず内定がほしいと思い，面接が必ず受けられる会社に絞って受験することにした．数社あった．

 1社目の面接の時，「内定が一つもない」というプレッシャーのためか，緊張で頭が真っ白になってしまい，全然答えることができなかった．2社目の面接には，エントリーシートの内容を完璧に暗記して臨んだ．そして，暗記したものを1回も間違えないで話した．しかし，趣味の欄に書いた旅行について詳しく聞かれた時には困った．この部分は「旅行」という単語を書いただけで，内容まで深く考えていなかった．「テニスサークル副部長」のエピソードも，考えたストーリーは完璧だと思ったが，いやになるくらい詳しく聞かれた．うまく答えられず，また，不合格になった．

 その後も面接を受け続けているが，内定はまだもらえない．失敗を重ねるにつれ自信がなくなり，意欲もなくなってしまう．今はどんな会社でもいいから内定がほしいと思っているが，うまくいかない．留年するか，卒業して就職活動を続けるか，どちらが有利か就職担当の先生に相談しなければならない．

**【練習問題2】** B君の敗因は何だろう．分析してみよう．
1. B君はどのような基準で会社を探しているか．B君の志望業界は何か．
2. エントリーシートを書くとき，どうやって自分の強みを見つけたか．
3. 面接に行く前の準備はどのようなことをしたか．

**【解　説】** 1. B君の最初の会社選びの基準は，有名かどうかだけで，志望する業界・業種もはっきりしない．最初から狭くする必要はないが，説明会などを通じてだんだん絞っていく方がよい．志望業界の範囲が広すぎると，エントリーシートや面接などで必要になってくる業界研究が難しくなるからである．また，同じ業界・業種でも，会社ごとに特色が異なる．その点にも十分に注意を払い，それぞれの会社の特色を把握する必要がある．

 2. ありきたりのイメージに合わせた，表面的な自己分析しかしていなかった．エントリーシートは適当に書いて出して合格できるほど甘くない．物まねも，オーバーな脚色もよくない．また，中途半端な完成度のものをたくさん書くのも時間の無駄である．

 3. 話すことを暗記して棒読みするような話し方では合格につながらない．き

ちんと自分の頭で考え，整理し，表現するのに相応しい言葉を見つけておくことにより，自信を持った受け答えができるようになる．先輩や友達，時には家族の力を借り，人前で話す練習をしておこう．

### ■■■■■ 文化コラム6 「知ってますか？ 日本の就活スケジュール」 ■■■■■

　一般的に，就職活動は最終学年の前から始まる．およそのスケジュールを表3.1にまとめた．4年制大学の場合，4年生の春ごろには，複数の会社説明会に参加しながら，エントリーシートを書き，面接も受け，さらに卒業論文や卒業研究もするというハードなスケジュールとなる．早めの準備が必要だろう．また，効率的に時間や情報を管理する能力も必要になる．

**表3.1** 就職活動スケジュール例（4年制大学の場合）

| | | |
|---|---|---|
| 3年生 | 6月 | インターンシップ説明会 |
| | 夏 | インターンシップ |
| | 秋～冬 | 会社説明会（12月～*） |
| | | 企業のHP・就活サイトにエントリー |
| | | 自己分析 |
| | | エントリーシートの提出 |
| 4年生 | 春 | 筆記試験・面接（4月～*） |
| | | 学校推薦選考開始 |
| | | 内々定が出始める |
| | 10月 | 内定式 |
| | 3月 | 卒業 |
| | 4月 | 入社 |

*開始月は日本経済団体連合会の倫理憲章による．2013年入社予定の学生から適用される．今後も変更の可能性がある．

　「青田買い」という言葉を知っているだろうか．まだ稲が青いうちに買い手がその田の稲を先買いしてしまうことをいう．企業も優秀な人材を確保するため，採用選考が非常に早い時期に行われるようになってきている．そのため，「落ち着いて勉学・研究ができない」「必要な知識・技術が身についているかどうかわからない学生を採用しなければならない」などの問題が深刻化してきた．

　このため，2011年に経済団体連合会が倫理憲章を出し，説明会や面接の時期を今ま

でより遅らせるよう，企業に提言している．

## 3.2 自己分析をしよう

　就職活動を始めたら，企業研究と同時に自己分析を始めよう．自己分析とは，「自分がどういう人間か」自分自身で意識する作業である．

### 3.2.1 自己分析の目的
　なぜ就職活動するのに自己分析が必要なのだろうか．

　自己分析の目的の1つは，自分に合った会社を見つけることである．就職は会社と自分とのマッチングが大切だ．いくら気に入った会社があっても，自分の能力や性格に合わない会社だったら内定を取るのは難しい．万が一合格しても，そんな職場で働くのは大変だろう．厚生労働省職業安定局の統計によれば，大学を卒業して就職した人の約3割が，3年以内に仕事を辞めてしまうという[1]．これは，苦労して就職した君にとっても，採用選考や社員教育にコストをかけた会社にとっても，不幸なことだ．いろいろな理由があるだろうが，会社選びのミスマッチをできるだけ減らすことで，君が3年で辞める3割の中に入る可能性はぐんと低くなる．

　[1] 厚生労働省ウェブサイト内「若者雇用関連データ」を参照．(http://www.mhlw.go.jp/topics/2010/01/tp0127-2/12.html; 2011年4月4日アクセス)

　自己分析のもう1つの目的は，自己PRの材料探しである．大学受験では試験の成績という大きい基準があった．しかし就職活動の基準は試験の成績だけではない．その人の性格や将来性，その会社が欲する人材かどうかなど，基準の種類が増えるのである．さまざまな基準をクリアするためには，自分の特徴の中から，ビジネスをする上で有利に働くものをあれこれ取り出して勝負しなければならない．いくら勉強が得意で成績がよくても，それだけでは内定を取ることは難しい．逆に，勉強が苦手な人でも自分をアピールするポイントを上手く探し出すことができれば，内定は取りやすくなる．部活やサークル活動をしていない人も，もちろんそうだ．どんな人にも必ずどこかにアピール・ポイントはあるはずだ．自己分析の機会を利用して，それを探し出そう．

### 3.2.2 自己分析のコツ
#### (1) 気軽に少しずつ始めてみよう
　自己分析は，それ自体が目的ではない．あくまでも，よりよい就職活動をするための手段と考えるべきである．自己分析を始めたら，集中して考える時間は短期間にしよう．後は，就職活動や研究，アルバイトなど，日常生活の中で思いついたときに，追加，修正していくといい．思いついたらすぐに手帳や携帯電話にメモをし，文字として残しておくのがよいだろう．

#### (2) ポジティブに考えよう
　自分のいいところをできるだけたくさん見つけるようにしよう．いいところなんてない……，そういう人は，自分の欠点を挙げてみよう．「考え込んでしまってなかなか動けない」人は思慮深い人，「あまり考えずに動く」人は行動力のある人．同じことでもいい方向に解釈すると，自己分析が楽しくなる．就職活動では，とにかく自信が物を言うので，ポジティブに考えよう．

#### (3) 他の人の意見も聞いてみよう
　自分だけで考えるより，友達や先輩，家族など周りの人に聞いてみるのも有効だ．自分のことは，意外にわからないものである．周りの人に「私はどんな人？」「私の長所と短所は？」「何か思いついたエピソードはある？」と聞いてみるとよい．また，友達どうしで「他己分析」をし合うのもよいだろう．
　では，実際に自己分析をしてみよう．他にもいろいろな方法があるが，ここで行うのは，最も基本的なものである．

【練習問題3】 過去から今まで，どんなことをしたか，思い出してみよう．（ヒント：表3.2を使って，その年にしたことを40字以内で書いてみよう．）

【解　説】 資格を取ったことや，大会で入賞したことなど，大きな出来事は必ず書いておこう．何も書くことが思い浮かばない年は「初めて〇〇に行った」「〇〇に夢中になる」など，小さなことでもよい．できれば，そのときに感じたことや考えたことを一言書いておくと，後でイメージを膨らませやすくなる．

【練習問題4】 練習問題3の表をもとに，次のものを見つけ出して，その時の状況を200字でまとめよう．

- ・楽しかったこと
- ・頑張ったこと
- ・自慢したいこと
- ・苦しかったこと
- ・失敗したこと
- ・克服したこと

## 3.2 自己分析をしよう

表 3.2　自己分析をしてみよう

|  | 学年 | 活動 |
|---|---|---|
| 10 年前 |  |  |
| 9 年前 |  |  |
| 8 年前 |  |  |
| 7 年前 |  |  |
| 6 年前 |  |  |
| 5 年前 |  |  |
| 4 年前 |  |  |
| 3 年前 |  |  |
| 2 年前 |  |  |
| 1 年前 |  |  |
| 現在 |  |  |

**【練習問題 5】** 練習問題 4 の文をもとに，浮かび上がる自分の長所を表す言葉を見つけよう．ここにない場合は，自分で考えよう．企業に対してアピールできそうなものはどれだろう．

明るい　　元気　　誠実　　几帳面　　積極的　　協調性
論理的　　粘り強い　我慢強い　思慮深い　責任感　　真面目
創造力　　企画力　　実行力　　好奇心　　向上心　　柔軟性

**【解　説】** 就職活動では，会社に対して，自分がいかに有用な社員になるかをアピールする必要がある．そのためには，自分の性格・性質が，会社に入ってどのように生かせるかを考える必要がある．例えば，「粘り強い」性質の人は，与えられた課題が難しくてもあきらめないで，最後までやり抜く力を持っている．「几帳面」な人は，確実に仕事をこなすことができるだろう．地味ではあるが，組織に絶対に必要なタイプである．

考えているうちに，わからなくなってしまった人がいるかもしれない．そんなときは，いったん自己分析から離れて，別のことをしよう．そして，少し時間をおいてから，続きを考えるとよい．何か思わぬことがきっかけになり，急に進むことも多い．就職活動とは常に「自分とは？」を問い続ける作業である．社会に出る前に自分というものをしっかり把握しておこう．

### 文化コラム7 「知ってますか？ 日本企業が求める人材」

次の項目は，経済産業省が2006年に発表した「社会人基礎力」を示している[1]．ビジネスに必要な能力であるため，多くの会社で重視されている．

『考え抜く力』
- 課題発見力　　現状を分析し目的や課題を明らかにする力
- 計画力　　　　課題の解決に向けたプロセスを明らかにし準備する力
- 創造力　　　　新しい価値を生み出す力

『前に踏みだす力』
- 主体性　　　　物事に進んで取り組む力
- 働きかけ力　　他人に働きかけ巻き込む力
- 実行力　　　　目的を設定し確実に行動する力

『チームで働く力』
- 発信力　　　　自分の意見をわかりやすく伝える力
- 状況把握力　　自分と周囲の人々や物事との関係性を理解する力
- 傾聴力　　　　相手の意見を丁寧に聴く力
- 規律性　　　　社会のルールや人との約束を守る力
- 柔軟性　　　　意見の違いや立場の違いを理解する力
- ストレスコントロール力　ストレスの発生源に対応する力

[1] 経済産業省ウェブサイト内「社会人基礎力」を参照．(http://www.meti.go.jp/policy/kisoryoku/index.htm; 2011年4月4日アクセス)

では，君の社会人基礎力をチェックしてみよう．次の1〜12を読んで，自分に当てはまる番号全部に○をしよう．また，それぞれの項目は，どの力に当たるのか考えてみよう．

1. 目標を達成するために失敗を恐れず行動し，困難があっても粘り強く取り組む．
2. 課題の解決のために，複数のプロセスを考え，「その中で一番いいものはなにか」を検討し，どのようにしたらいいか計画する．
3. グループのみんなに呼びかけ，いっしょに目的達成に向かって進む．
4. 人の話をきちんと聞く．話しやすい環境を作ったり，適切な質問をしたりすることで，相手の意見を上手に引き出す．
5. 目標を達成しようとする時，問題がどこにあるかを発見し，みんなに提案する．
6. チーム内で，自分がどのような役割を果たすべきかが分かる．
7. 先生に言われなくても，自分でするべきことを見つけて積極的に取り組む．
8. 解決するべき課題に対して，これまでと違う，新しい解決方法を考える．

9. ストレスを感じることがあっても，成長の機会だとポジティブに捉えて肩の力を抜いて対応する．
10. 相手が理解できるように，自分の意見を分かりやすく的確に伝える．
11. 自分のルールややり方に固執することなく，相手の意見や立場を尊重し理解する．
12. 時間や約束，規則など社会のルールを守って，活動ができる．

君の持っている力は，会社の求めるどんな力と結びつくだろうか．自己PRのキーワードとして有効に活用しよう．

**解答** 1. 実行力, 2. 計画力, 3. 働きかけ力, 4. 傾聴力, 5. 課題発見力, 6. 情況把握力, 7. 主体性, 8. 創造力, 9. ストレスコントロール力, 10. 発信力, 11. 柔軟性, 12. 規律性

## 3.3 インターンシップに行こう

### 3.3.1 インターンシップに行く前に
**(1) インターンシップとは**

文部科学省高等教育局専門教育課（2009）の定義によれば，「学生が在学中に，企業等において自らの専攻やキャリアに関連した就業体験を行うこと」をインターンシップという．インターンシップによって実際の仕事を体験することは，どんな社会人になりたいか，どんな仕事をしたいかを考える上でとても貴重な経験となる．また，自分の本当の適性を知るためのチャンスでもある．あこがれの職業を体験し，「この仕事に就くためにがんばるぞ」と決意を固めるかもしれない．反対に「なんだか向いていないな」と感じるかも知れない．あまり興味のなかった仕事をたまたま体験し，「意外に面白い」と感じるかも知れない．

一口にインターンシップといってもさまざまなものがあるので，自分に合ったものを見つけよう．また，希望に沿わないインターンシップに参加することになったとしても，真摯に取り組めば，必ず得るものがある．有意義な就労体験は君を成長させ，職業選択に大きな役割を果たすだろう．

〔時　期〕

インターンシップを行う時期は，4年制大学の学部生では3年，大学院生では前期課程（修士課程）1年の夏休みが多い．ときには春休みに行う場合もある．その後本格化する就職活動に先駆けて就業体験を積むことで，就職でのミスマッ

チを防ぐことも目的の1つだからである．

〔期間と単位認定〕

インターンシップの期間は，通常2週間から1か月程度だが，最近は長期インターンシップ制度を取り入れる大学もある．一方で，1日だけのインターンシップも増えている．ただしこれは，実質的には会社説明会のようなものと考えた方がよい．

大学の中には，インターンシップを授業の1つとして取り入れ，単位を認めているところもある．しかし基本的にインターンシップは自分の意志で行う活動であり，社会勉強である．

〔報　酬〕

一般的に賃金は出ない．しかし，会社によっては食費や交通費の補助を出してくれたり，作業服を貸与してくれたりする．中にはアルバイトのように賃金を払ってくれるところもある．

〔外国の状況〕

アメリカなどの大学では，在学中に長期間にわたってインターンシップをすることを推奨したり，義務化したりしているところもある．給料も支払われる．日本の大学生のアルバイトのようなものだが，学校が紹介者となり，専門と関係がある分野で行う点がアルバイトとは異なる．

【練習問題6】　会社にとって，インターンシップの学生を受け入れることのメリットとデメリットは何か，考えてみよう．

【解　説】　会社がインターンシップの学生を受け入れる目的には，さまざまなものがある（表3.3参照）．会社は，指導に当たる社員が若い学生を指導することで成長し，職場全体が活性化することも期待している．また，顧客である学生・大学・地域に自分の会社を知ってもらういいチャンスであるとも捉えている．さらに，会社の社会貢献の1つとして，学生の就業意識を高めるのに協力するという面もある．

一方で，会社にとってのデメリットも当然ある．まず，指導にあたる社員は，本来の自分の仕事ができない．そして，学生がわずかな期間に仕事で「役に立つ」レベルにまで成長することはまずない．だから，君たちは，「体験させてもらっている」ことを自覚し，謙虚に取り組まなければならない．

表 3.3　インターンシップの目的の類型

| 学生にとって | 受入先にとって |
|---|---|
| ① 学習意欲の向上 | ① 職場環境の活性化 |
| ② 知識・技能の充実・深化 | ② 自社の PR |
| ③ 高い職業意識の醸成 | ③ 高い職業意識の醸成 |
| ④ 責任感・自立心の形成 | ④ 産学交流・連携 |
| ⑤ 独創性・チャレンジ精神の醸成 | ⑤ 産業界等のニーズの大学教育への反映 |

文部科学省高等教育局専門教育課（2009：7）より作成．

## (2) インターンシップ先の探し方

インターンシップに参加するには，大きく分けて 2 つの方法がある．1 つは，大学や公的機関が行っているインターンシッププログラムに応募する方法である．もう 1 つは，インターネットなどを活用して会社が募集しているインターンシップを探し，自分で申し込む方法である．学校や地域の事情によっていろいろな方法があるので，先輩に聞いたり，相談窓口を利用したりして情報を集めよう．

公的機関や大学が行っているプログラムを利用する場合は，それぞれの機関に直接問い合わせてほしい．大学にキャリアサポートを行う部署があれば，まずそこに行ってみるとよい．各都道府県の労働局などのホームページにもインターンシップ事業の情報が載っていることがある．

ここでは，会社のホームページから申し込む方法を簡単に紹介しよう．

夏休みにインターンシップを行う場合，6 月ごろから募集が始まるので，ホームページの情報に注意しよう．ネット上で必要事項を入力するだけで申し込める会社もあれば，エントリーシートを提出させ，面接や筆記試験をする会社もある．採用試験と同じプロセスを踏むところには，十分に時間をかけて準備しなければならないだろう．

いずれにしても，インターンシップの募集人数は少ない．そのため，応募者が殺到する会社では，採用試験よりも難しいといわれている．それなりの覚悟をもって臨もう．

## (3) インターンシップの内容

インターンシップではどんな仕事をするのだろうか．主な業務内容を表 3.4 にまとめた．申し込みをする際には，内容をよく確かめ，自分の目的に合ったものを選ぼう．それがインターンシップを成功させる秘訣である．

表 3.4 受け入れ学生に提供するプログラムの内容（複数回答，$n=892$）

| 業務内容 | (%) |
|---|---|
| 社員の補助的な業務の一部を体験 | 61.1 |
| 仕事をしている社員に同席・同行 | 50.3 |
| 職場や工場の業務を見学させる | 44.8 |
| 社員の基幹的な業務の一部を体験 | 44.7 |
| 通常の業務とは別の一定の課題 | 29.8 |
| アルバイトやパートの業務の一部 | 15.8 |
| その他 | 4.5 |

厚生労働省ウェブサイト内「インターンシップ推進のための調査研究委員会報告書の取りまとめ」所載の「1 インターンシップの現状」(2005) (http://www.mhlw.go.jp/houdou/2005/03/h0318-1.html) より作成．

【練習問題 7】 インターンシップに参加する場合，気を付けるべきことは何だろう．受け入れる会社の立場に立って考えてみよう．

【解　説】 表 3.5 を見てほしい．意外にも，会社が求めているもので一番多いのが，基本的マナーだ．マナーというと，名刺交換など，ビジネスマンとしてのマナーを思い浮かべるかもしれないが，ここで求められているのは，それ以前のマナーである．朝，顔を合わせたら挨拶をする，お世話になったらありがとうと言う，上司には丁寧なことばで話す，時間を守るなど，できて当然の内容である．守秘義務の厳守や一般的知識・社会常識も上位を占めている．つまり，会社は君たちに，社会人として当然のことを求めているのである．「こんなことくらい……」と思わずに，今日の自分の行動を振り返ってみよう．

　次に必要なのは，目的意識である．インターンシップの期間は短い．「○○を勉強したい」など，しっかりした目的がないと，何も得られないまま終わってしまう．目的を持って参加すれば，それが達成できたとき，高い満足感も得られるだろう．

### 3.3.2　インターンシップで注意すること

　たとえインターンシップ生であっても，働くからには社会人として常識のある行動をし，会社のルールをしっかり守らなければならない．1.2.1 項「基本的な

表 3.5　企業から学生への要望（複数回答，$n=689$ 社）

| 学生への要望 | 数 |
|---|---|
| 挨拶などの基本的マナー | 278 |
| 目的意識 | 257 |
| 守秘義務の厳守 | 199 |
| 一般的知識・社会常識 | 149 |
| 協調性・チームワーク | 140 |
| パソコン技術 | 82 |
| 専攻分野の専門知識 | 59 |
| 英語力 | 10 |
| その他 | 21 |

社団法人日本機械工業連合会・特定非営利活動法人 JRCM 産学金連携センター（2004：19）より抜粋．

ビジネスマナー」を勉強しておこう．ただし，会社によって多少異なるので，自分勝手に判断しないで，上司や担当者に確認することが大切だ．ここでは，インターンシップに行った時に，注意すべき点を挙げる．

**(1) 挨拶は基本中の基本**

いつも君から挨拶しなければならない．元気に明るく，相手に聞こえるように挨拶しよう．インターンシップ生はお客さんではない．会社の人に声をかけられるまで黙っていてはいけない．

**(2) 感謝の気持ちを口に出して言う**

お世話になっていることに感謝しよう．感謝したらそれを言葉にしよう．思っているだけでは，何も伝わらない．「ありがとうございます」「ありがとうございました」一つひとつのことに感謝し，心を込めて何度でも言おう．

**(3) 社員の人と話をしよう**

「同じ釜の飯」という言葉を知っているだろうか．一緒に食事をすることは，親しくなるための近道である．せっかくインターンシップに参加したのだから，社員の人と一緒に昼ごはんを食べるようにし，飲み会に誘われたら行ってみるとよい．故郷のことや家族のこと，趣味などいろいろ話しているうちに，何でも相談できる社会人の先輩ができるかも知れない．よい関係が築けたと思ったら，インターンシップ後にも近況を知らせるなどして，連絡をとるようにするとよい．

人間関係は大切な財産になるだろう．

**【練習問題8】** 次の場合，どのように挨拶したらよいだろうか．実際に話してみよう．

1. インターンシップに行ったとき，受付の人に．
2. 朝礼で，みんなの前で自己紹介する．
3. 退社するとき，まだみんなが働いている場合．
4. 最後の日，みんなに挨拶する．

**【解答例】** 1.「○○大学の花本太郎と申します．今日からインターンシップをさせていただきます．よろしくお願いします．担当の第一技術部の田中様と10時のお約束をしております．お願いいたします」

2.「おはようございます．今日から開発課でインターンシップをさせていただきます．花本太郎と申します．今は○○大学で情報工学を専攻しています．コンピュータ制御に興味があります．趣味はサッカーで，ゴールキーパーをしています．一生懸命がんばります．どうぞよろしくお願いします」

3.「何か，お手伝いすることがありますか．帰ってもよろしいでしょうか」
　↓　会社の人：「特にないよ」「お疲れ様」
「ありがとうございました．お先に失礼します」

4.「みなさん．ほんとうにお世話になりました．毎日，○○事業部のみなさんが，仕事に真剣に取り組んでいらっしゃる姿勢を見て，仕事の厳しさが少し分かった気がします．昼休みには，サッカーワールドカップの予想で盛り上がり，楽しい仕事仲間の雰囲気も味わいました．お陰さまで，△△技術を使った作図ができるようになるという目標もなんとか達成できました．大学に帰ったら，教えていただいたことを生かして専門の研究を頑張りたいと思います．ありがとうございました」

**【解　説】** 1. インターンシップ初日の場合，来社の目的，配属先や担当者の名前をきちんと言う．事前に約束をしている場合は，その内容も伝える．

2. 会社での自己紹介は真面目に，そして，長すぎないことが基本である．ただし，趣味や出身など，仲良くなるきっかけとなる内容は入れておこう．

3. 退社時には許しをもらう．もし，会社の人がまだ仕事中であれば，手伝い

が必要かどうか聞く．

4. お礼の挨拶では，印象に残った具体的な内容を入れたほうがいい．

================ 言葉コラム 4 「お仕事電話」 ================

　インターンシップや就職活動で会社に電話をかけるとき，君は滑らかに話すことができるだろうか．話すべき内容はわかっているのに言葉が出て来ない，丁寧に言おうとすればするほどおかしな表現になってしまう，そんな経験はないだろうか．1.2.2 項で学んだ「電話のマナー」では，社会人として電話をかける場合の基礎知識を挙げた．このコラムでは，会社に電話をかけるとき便利な文例を用意した．何度も練習し，スムーズに言葉が出るようにしよう．

〔ビジネスで電話をかけるときによく使われる表現〕
- 初めて電話をかける相手への第一声：「突然のお電話で失礼いたします」「初めてお電話いたします」など
- 自分の名前を名乗るとき：「私，つるま大学文学部の学生で，田中次郎と申します」など
- 取次ぎを頼むとき：「会社説明会の件でお電話させていただきましたが，担当の方をお願いできませんでしょうか」
- 長くなりそうな場合：「お忙しいところ，恐れ入ります．会社説明会の件で，伺いたいのですが，今，よろしいでしょうか」
- 相手の声がよく聞こえないとき：「お電話が少し遠いようですが……」
- 相手の名前を聞き逃してしまったとき：「お名前をもう一度お願いします」

〔ケーススタディ〕
　会社説明会に参加するとき，次のようなことが起こったら，君はどのように電話をかければよいだろうか．考えてみよう．会社側の人の反応（ことば）にも注意しよう．

ケース 1 「訪問カード」って何だろう？

　会社説明会の案内状によると，説明会当日の持ち物に「訪問カード」と書いてあった．でも，「訪問カード」が何かよくわからない．

　受付：お電話ありがとうございます．株式会社つるまやでございます．
　　君：初めてお電話いたします．私，つるま大学文学部の学生で，田中次郎と申します．来週の御社の会社説明会の件で，お伺いしたいことがありまして，お電話させていただきました．担当の方をお願いできませんでしょうか．
　受付：会社説明会の件ですね．それでは，人事部の担当の者にお電話をおつなぎいたします．少々お待ちくださいませ．

第3章　就職を目指して

......

山口：お待たせいたしました．人事部の山口でございます．
　君：お忙しいところ，恐れ入ります．私，つるま大学文学部の学生で，田中次郎と申します．先日は，御社の会社説明会のご案内をお送りいただきましてありがとうございます．
山口：いいえ．で，ご質問というのは……？
　君：はい．実は，当日に持参するものに「訪問カード」と書かれておりましたが，それはなんでしょうか．
山口：訪問カードはですね，説明会にお越しいただいた際に，受付で提示していただくカードになっております．先日，会社説明会の案内状をこちらからお送りしました際に，黄色の紙が同封してあったかと思いますが，その紙が訪問カードです．
　君：そうですか．黄色の紙ですね．はい，ありました．失礼いたしました．
山口：いいえ．それでは，当日，お待ちいたしております．
　君：お忙しいところ，ありがとうございました．それでは当日，よろしくお願いいたします．失礼いたします．
山口：失礼いたします．

ケース2　道に迷った⁉

会社説明会の会場は，カメイチ株式会社本社ビルの近くにあるKMCビルだという．近くの駅の北口までは来てみたが，よくわからない．どうやら道に迷ったらしい．

佐藤：お電話ありがとうございます．カメイチ人事部の佐藤でございます．
　君：私，つるま大学文学部の学生で，田中次郎と申します．本日，御社の会社説明会に参加させていただく者なのですが．
佐藤：ああ，はい，本日の会社説明会の．
　君：実は迷ってしまったようでして．申し訳ありませんが，駅の北口からKMCビルへの行き方を，教えていただけないでしょうか．
佐藤：そうですか．今，どちらにいらっしゃいますか．
　君：駅の北口のところにおります．
佐藤：えっと，本社ビルはおわかりになりますか．KMCビルはその裏手にございまして，駅の北口から見えます○○銀行さんと茶色のビルの間の道を入っていっていただきますと，右手にございます白い建物です．
　君：あ，わかりました．○○銀行さんと茶色のビルの道ですね．この道を入って右側の白い建物ですね．
佐藤：はい，そうです．それでは，お待ちしております．

君：ありがとうございました．すぐに伺います．失礼いたします．

---

**【練習問題 9】** 言葉コラム 4 をふまえて，次のようなケースを想定して，（　）の中に適切な表現を入れてみよう．

電車の事故で遅刻：　会社説明会へ向かう途中，電車が人身事故の影響で遅れている．今，笹釜駅にいるが，このままでは，説明会の時間に間に合いそうにない．

佐藤：お電話ありがとうございます．株式会社つるまや人事部の佐藤でございます．
君：1. （　　　　　　　　　　　　　　）
佐藤：ああ，はい，本日の会社説明会の．
君：2. （　　　　　　　　　　　　　　）
佐藤：そうですか．ご事情は了解しました．今，どちらにいらっしゃいますか．
君：3. （　　　　　　　　　　　　　　）
佐藤：そうですか．それでは，こちらに到着されましたら，受付に担当の谷崎という者がおりますので，その者にその旨お話しください．
君：4. （　　　　　　　　　　　　　　）　担当者の……，申し訳ありません．
　　　5. （　　　　　　　　　　　　　　）
佐藤：谷崎です．それでは，よろしくお願いします．
君：6. （　　　　　　　　　　　　　　）

**【解答例】** 1. 私，つるま大学文学部の学生で，田中次郎と申します．本日，御社の会社説明会に参加させていただく者なのですが．
2. 実は今，御社へ向かっているところなのですが，電車が人身事故の影響で遅れておりまして，申し訳ありませんが，説明会に遅刻してしまいそうなんです．
3. 今，笹釜駅まで来ております．あと 30 分程度かかるかと思います．
4. わかりました．
5. 担当の方のお名前を，もう一度教えていただけませんか．
6. 本当に申し訳ございません．できるだけ早く伺います，失礼いたします．

## 3.4 会社説明会に行こう

### 3.4.1 会社説明会とは

君は会社の名前をいくつ知っているだろうか．普段テレビコマーシャルでよく目にする超有名企業だけでも10本の指では数えられない．日本には，それ以外にも多くの会社が存在している．会社説明会は，よく知っている企業の新しい魅力を発見する場であり，まだ知らない優良企業と出会うチャンスでもある．

**(1) 会社説明会の種類と内容**

会社説明会には大きく分けて2つの種類がある．1つの会社やグループが自社の中などで行うものを，単独（個別）説明会という．学校や公的機関，人材サービス会社などが主催し，イベント会場に多くの会社を集めて開催するものを合同説明会という．その他にも，参加者を文系・理系，出身国別に募集したり，業種を特定して開催したりする説明会もある．

会社説明会で話される内容は，会社の概要や製品案内，その会社が求める人材の説明などであり，通常はその後に質疑応答がある．

就職活動を始めるにあたっては，まず，合同説明会に参加し，興味が持てそうな会社を探すとよい．自分の志望する方向が固まってきたら，単独の説明会に行こう．そこで，会社の詳しい業務内容や社員の雰囲気をつかみ，本当に自分に合った会社かどうかを確認しよう．

**(2) 会社説明会に参加するには？**

会社説明会の情報は，インターネットで流されることが多い．就職サイトや会社のホームページで，場所と時間を確認しよう．大学などでは，ポスターで掲示されることもある．見逃さないように注意しよう．友達同士で情報交換することも大切である．

説明会には，予約が必要なものと，行けば参加できるものがある．人気が高い企業の説明会は，予約がなければ参加すらできず，予約開始直後に満席になってしまうことが多いので注意しよう．確実に予約を取るために，開始時間の前からインターネットを開いて準備し，時間になると同時にクリックする人もいるほどだ．住まいに近い会場が予約できない場合は，遠い会場に行くか，参加をあきらめるしかない．なお，ほとんどの場合，会社説明会に参加できなくても，エント

リーすることはできる．この点，少し安心してよい．
### (3) 会社説明会に参加するメリット
　会社説明会に参加することで，実際の会社に触れることができる．また，社員から直接話を聞くことができ，パンフレットや概要も簡単に手に入れることができる．その会社の製品や考え方について詳しく知るチャンスである．中には，参加することをエントリーの条件としている会社もあるので，注意しよう．

　実際の会社をよく知ることは，内定を獲得するための第一歩である．企業研究を就職サイトや会社のホームページを読んで済まそうという人が意外に多い．しかし，ホームページの情報は会社のコマーシャルに過ぎない．それに対し，会社説明会では，こちらがその気になれば，会社が意図したもの以外の情報もたくさん得られる．まず，生身の社員の姿が見られる．場合によっては，工場の様子や職場の雰囲気なども知ることができる．ここで得た情報を元に書けば，エントリーシートはより説得力のあるものになるだろう．

### 3.4.2 会社説明会に参加する上で注意すること
　会社説明会に参加するからには，その時点で，ライバルに差をつけたい．就職試験は，会社説明会のときから始まっているといっても過言でない．

　参加する上での具体的な注意点を，以下に挙げる．
### (1) 服装・言動
　清潔感のあるスーツで姿勢よく，明るい言動を心掛けよう．案内に「服装自由」と書いてあったとしても仕事の服装，スーツで行こう．働く覚悟ができていることをアピールするためである．そして，同じ格好をした同年代の者たちの中で，採用担当者の印象に残るのは，君の行動，表情，言葉遣いであることを常に意識しよう．
### (2) 事前準備
　個別の説明会に参加する場合は，特に，会社についてよく研究してから出かけたい．事前準備をしておけば，説明会で自分の勉強ぶりをさりげなくアピールすることもできる．「本気でうちの会社に来たがっている学生だ」「なかなか見どころがある」「名前はなんて言ったかな？」と思ってもらえればしめたものだ．担当者に名前を覚えてもらった結果，内定が取れたという先輩もいる．

### (3) 持ち物

ノートと筆記用具は必ず持って行く．服装や鞄，髪型など，ぱっと目につくものに神経を使う人は多い．しかし，案外忘れているのがノートと筆記用具である．また，持って行ったとしても，漫画のキャラクターやスポーツチームのロゴが大きく書かれていたのでは話にならない．机の上に置いたとき，遊びっぽい雰囲気のものはかなり目立つからだ．細かいところにも注意しよう．

### (4) 話を聞くマナー

まず，背筋を伸ばし，姿勢を正しくする．話し手の目を見て，うなずきながら聞く．説明する側の立場になると，うなずいて聞いてくれる学生にはいい印象を持つものだ．重要ポイントはメモしよう．また，そのとき感じたことや抱いた疑問などを書きとめておくと，後で役に立つ．何もしないで聞いているだけの学生は，やる気がないか，能力がないと見られてしまうだろう．

### (5) 質問のマナー

会社説明会では最後に質疑応答の時間があるので，事前にいくつか質問を準備しておき，積極的に質問したい．質問するときは，最初に自分の所属と名前を必ず言い，回答後にお礼を言う．

> 例：「○○大学□□学科3年の田中と申します．お話興味深く聞かせていただきました．質問は，御社の今後の事業展開についてです．私の専門は情報工学ですが，中国語もできます．御社は今後中国に支社や営業所を作る計画をお持ちですか．」
> ……回答……
> 「ありがとうございました．」

自らアクションを起こさない学生は，印象に残らない．また，意外に重要なのが，1つのセッションが終わり，次が始まるまでの空き時間である．この時間を有効に利用して，個人的に質問をすることもできる．ここがライバルに差をつけるポイントでもある．そして，退席するときは机上をきれいにし，椅子を元に戻すなどの気配りを忘れないようにしたい．

### 3.4.3 どんな情報を手にいれるか

会社の人から直接話を聞くことのできるチャンスだ．的確に情報を得たい．チェックするとよいポイントは次のとおりである．

## (1) 業務内容・募集職種

企業が，どのような方針で，どのような仕事をしているか．自分の専門との関係はどうか．今後どのように発展して行こうとしているか．これらのことについて詳しく聞いて調べよう．

また，企業の回答が予想と違ったからといって，すぐに諦めてしまうのは早計である．その企業の業務内容が君の興味とずれていたとしても，君の才能を活かせる部署があるかも知れない．こうした可能性や今後の事業展開についても聞いてみよう．

## (2) 採用実績

例えば，企業の採用担当者に，「女性も男性と同じように採用されますか」と尋ねるとする．多分返ってくる答えは「全く同じ条件です」だろう．しかし，「これまでに女性を何人採用しましたか」という質問に対する答えはさまざまである．外国人についても同様である．自分の条件に不安がある場合は，過去に採用した実績があるかどうかを確認しよう．ただし，「どうして採用しないのですか」など，理由を問うような質問は控えた方がよい．

## (3) 企業理念

企業理念は，普段意識されることは少ないが，その会社の考えが凝縮している言葉である．大切にしよう．単なる言葉として聞き流すのではなく，どのように実現されているのかを知ることが大切である．志望動機を書く際，参考にすることもできる．また，同業種の複数の会社を志望する場合，企業理念の違いは大きな意味を持ってくる．

## (4) 求める人材

どのような人物を求めているかは，多くの会社が開示している．自己PRなどを書くときの参考になるので，非常に重要である．よく見られるのは，「粘り強い人」「グローバルな視点を持つ人」「挑戦する人」などである．会社が求める人材については，社会人基礎力（文化コラム7「知ってますか？ 日本企業が求める人材」）も参照のこと．

## (5) 待　遇

給料や休暇などはホーム・ページや会社概要に載っている．事前に調べられることは質問しないほうがいい．実際に働いている人でないとわからない点は，確認してもよいが，給料や休暇にこだわる姿勢を見せるのは得策ではない．

### 3.4.4 会社説明会の後で

会社説明会ですることは多い．そして，終わった後にしておくことも多い．時間と労力，お金をかけて多くの会社の説明会に行くのだから，そこで得た資料はきちんと整理し，管理しておこう．多少面倒臭くても忘れないうちにまとめておくことで，その後の君の就職活動はかなり楽になるはずだ．「就活ファイル」に資料を整理し，「就活ノート」に要点やそのときの考えなどをまとめておくとよい．君にあったやり方を考えて，効率よく就職活動をしてほしい．

**【練習問題 10】** 君が志望する業界の中から2社を選び，企業のホームページを見て比較しよう．どこが似ていて，どこが違うのか．

**【解答例】**

|  | A社 | B社 |
|---|---|---|
| 大切にしているもの | 地球と人<br>―地球に，人に，よりやさしい環境を創造する― | 夢と未来<br>―未来は夢見るところから始まる― |
| 求める人材 | 協調性のある人<br>優れた専門性を持つ人<br>チャレンジできる人 | 独創的な考え方ができる人<br>好奇心旺盛な人<br>グローバルな視点を持つ人 |
| 仕事の仕方 | チームで働く | 個性を大切にする |
| 得意分野 | 一般的な○○ | 最先端の○○ |
| 初任給 | 205,300 円（大卒） | 210,100 円（大卒） |
| 年間休日 | 年間 120 日 | 年間 121 日 |
| 採用方針 | 新卒重視 | 新卒重視 |
| 採用予定人数 | 文系 20　理系 30 | 文系 20　理系 80 |

**【解　説】**「初任給はいくらかな？」「休みはどちらが多いかな？」ついそんなことが気になってしまいそうだが，これからしっかり働こうと決意した者の姿勢として，それだけに目が行くのはまずい．もっと本質的なことを見なければならない．会社の方針を知るためには，CMのキャッチコピーなども参考になる．企業理念が，経営方針や求める人材にどう反映されているか，きちんと把握できると，エントリーシートを書くときのヒントとなるだろう．

**【練習問題 11】** 次の例のうち，会社説明会でしない方がよい質問はどれか，考えて

みよう．
 1.「新入社員の給料はいくらですか」
 2.「仕事をしているとき，どんなことに生きがいを感じていらっしゃいますか」
 3.「御社で子どもを育てながら働く女性の方は何名ぐらいいらっしゃいますか」
 4.「私は〇〇県の出身ですが，〇〇県にはいくつの営業所がありますか」
 5.「面接ではどのようなことを話したらいいでしょうか」
 6.「御社では，どのような方法で担当部署を決めていらっしゃいますか」
 7.「長期休暇を取る場合には，何日ぐらいまで許可されますか」

【解　説】　特に適当でないと思われるのは 1，4 である．なぜなら，企業のホームページを見ればすぐにわかることだからだ．勉強不足をアピールしてはいけない．このほか，5 や 7 もあまり好ましくない．5 のような質問に対し，親切に教えてくれる企業も多い．しかし，面接のテクニックだけを聞こうとする学生は歓迎されないだろう．また，7 のように企業の福利厚生面ばかりを気にするのもよくない．しっかり仕事をしようという意識から出る質問が好まれる．

======= 言葉コラム 5 「会社からもらった文書を読むコツ」=======

　インターンシップや会社説明会で，会社との連絡には，文書が用いられることが多い．会社からもらう文書は，表現や文章の構造などが特殊で，普段のメールや手紙とは違うため，慣れないと読みにくいと感じるかもしれない．しかし，第 2 章でも見たように，基本を押さえれば恐れることはない．例として，ある会社説明会の案内状を見てみよう．
　文書の形式については，2.1 節「ビジネス文書の基本」を参照してほしい．簡単に復習すると，右上に文書が書かれた日，その次の行の左側に受け取る人の名前，その下の行の右側に文書を書いた人の企業名・肩書・名前が書かれる．大勢へ向けた文書の場合，受け取る人を「関係者各位」など「各位」という表現で表すことがある．「各位」とは，「皆さん」と同じような意味である．本文は，「あいさつ」，「概要」，「具体的にすべきこと」の 3 つの段落から成る．
　君が会社からの文書を受け取ったら，着目すべきなのは，「さて」以降の文の内容である．「さて」の後ろには，伝えたいことの内容が簡単に書かれていることが多い．この部分は，書き手がどんな目的で文書を送ってきたのかを把握するうえで，重要である．もちろん，この例のように「会社説明会のご案内」とタイトルがはっきり書かれている場合もあるが，タイトルがないときは，この部分がとても重要になる．
　さらに次の段落では，この手紙を受け取った人に対する具体的な依頼やお願いが書か

○○○○年○月○日

○○　○○　様

株式会社　ＡＢＣ商事
人事部長　○○　○○

### 会社説明会のご案内

拝啓　時下ますますご健勝のこととお慶び申し上げます。
　さて、このたび弊社では入社試験に先立ち、弊社の業務内容、実績等をご紹介し、また将来の見通しについてご説明申し上げるために、下記のとおり、会社説明会を実施いたします。
　つきましては、ご多用中恐れ入りますが、ぜひご出席くださいますよう、お願い申し上げます。

敬具

記

1　日時　○月○日（○）　○時○分から○時○分
　　①会社の業務説明
　　②先輩よりアドバイス
2　会場　○○会館○階○会議室
　（別添地図参照ください）

以上

会社説明会の案内

れている．この部分は，「つきましては」から文が始まっていることが多い．この文書を受け取って，君が何をしなければならないのか，それを知るには，この部分をよく読む必要がある．特に「…（て）くださいますよう，お願い申し上げます」や「…（て）いただければ，幸いです」のような表現の文は，この文書のポイントとなるところだ．
　以上のように，会社からもらう文書には，ビジネス文書ならではのルールや堅苦しい表現が多いが，構造がある程度決まっている．コツさえつかめば，効率よくビジネス文書を読むことも難しくない．

## 3.5 エントリーしよう

　就職したい会社が決まったら，いよいよ本番，エントリーしよう．「文章を書くのは苦手」「字が汚い」とためらって立ち止まるわけにはいかない．読む人の立場に立ったわかりやすい文章を丁寧な字で書けば，こちらの誠意は伝わるはずである．以下では，一般的な履歴書を作成する場合のコツについて述べる．

　最近，エントリーシートという言葉をよく耳にするが，これは「採用人事だけに用いる履歴書」のことである．会社が定めた形式がウェブサイトに置かれており，それをダウンロードして用いることが多い．また，ネット上でそのままエントリーする形式も増えている．いずれの場合も，一般的な履歴書の書き方と基本は同じである．

### 3.5.1 書く技術

　まず，「自己PR」「志望動機」「研究内容」など，ある程度の分量がある文章を書くときのコツを身に付けよう．たくさん送られてくる履歴書の中から，「おや？」と目を止めてもらえる文章，少なくとも「これはダメだ」とはねられない文章を書くためには，こんなことに注意しよう．

**(1) 結論が先，説明は後と心得よ**

　相手は何百枚，何千枚もの履歴書を見る．言いたいことが何か，一目でわからない文章は読んでさえもらえない．論理的に積み上げて行って最後に結論がどんと来る文章もきれいだが，履歴書にはあまり相応しくない．

**(2) 簡潔な表現を心掛けよ**

　「〜て，〜て」「〜が，〜が」など，だらだらと続けない．あれもこれもと欲張らずに，言いたいことの中心は何なのかをよく考えて，重要でないことはばっさりと切り捨てる．そして，説明は具体的に，相手が理解しやすいように書く．

**(3) 誤字脱字，不適切な表現はしない**

　辞書を引く習慣を身に付けよう．少しでも怪しいと思ったら，必ず辞書で確認することが大切だ．また，自分の言語感覚に自信がない場合，友達や先輩などの第三者に読んでもらうのもよい．

### (4) 自分のことばで書く

　丸写しはいつかボロが出る．相手は人事のプロである．文章を書くのが苦手だからといって，ネットで拾ってきたおいしそうな言葉をつなぎ合わせるのはよくない．文章を読んだときの印象が途中で変わるからだ．そして，面接の質問にも的確に答えられないだろう．「文は人なり」，苦しみながらも自分のことばで書いているうちに，文章力は必ず身に付く．
　では，基本的な問題で試してみよう．

【練習問題 12】　次の1～4は正しくない文である．どんなことに気をつけて，どう直したらいいか，考えてみよう．
　1．彼の出身は中国のチンタオから来ました．
　2．内定をもらったせいでぐっすり眠れました．
　3．ハッピーは白いパンが大好きな犬です．
　4．大学の2個上の先輩○○様から御社のことを伺いました．

【解　説】　1．「頭と足は合っているか」：　この文の頭は「彼の出身は」，足は「来ました」である．頭と足を合わせるならば，「彼の出身は中国のチンタオです」または「彼は中国のチンタオから来ました」とならなければならない．
　2．「プラス・マイナスは一致しているか」：　「内定をもらう」「ぐっすり眠る」というよい出来事（プラス）を繋げるのに，「せいで」という悪い事柄の原因・理由を表す接続詞（マイナス）を用いている．「ので」（中立），「おかげで」（プラス）などの接続詞を使おう．
　3．「離れ過ぎていないか」：　このままだとパンが白いことになる．確かにそういうパンもあるが，「白い」が修飾するのはパンではなく，犬と考える方がしっくりいく．「ハッピーはパンが大好きな白い犬です」のように，「白い」を「犬」の近くに置けば，誤解を招かない．
　4．「場面と合っているか」：　丁寧な言葉を使う場面で，年齢差を「個」と言うのはまずい．「個」は学生の言葉だ．「2学年上」と言いたい．社会人になったら場面に合った表現をしよう．

【練習問題 13】　100字以内で自己PRをしてみよう．課題は「あなたを動物に例えると?」（ヒント：①自分の長所を1つ思い浮かべる．→（a）落ち着きがある，②（a）のことばから思い浮かぶ動物は?→（b）ゾウ，③（b）の一般的なイメージは?→（c）重

い・大きい・群・ゆったり，④(c)の中で自己 PR に追加できそうなのは？→群)

**【解答例 1】** 私を動物に例えるとゾウです．私は常にどっしりとした心構えを持っており，突発的な事態にも動じることなく行動することができます．また，協調性を大切にするところも，群で行動するゾウに似ていると思います．(98 字)

**【解答例 2】** 私はタコです．タコの動きのように柔軟な考え方ができるからです．そして，切り刻まれても動き続けるタコのように，一度始めたことに対しては，困難な状況に負けず，粘り強く取り組む姿勢を持っています．(95 字)

**【解 説】** 最初に「ゾウです」と結論を言う．「私は，どっしりした心構えを持っていて，何事にも動じずに行動し，仲間を大切にするので，ゾウです」のように，理由をいくつか挙げた後，やっと結論に達する述べ方は印象が薄い．最初に結論を言った方が効果的である．

解答例 1 には「重さ」からイメージされる「どっしり」「動じず」という要素が含まれており，「群」で行動することから「協調性」のアピールへと展開している．100 字以内の短文である場合，ここまで上手く結び付けられるのはかなりの上級者だ．文章を書くのが苦手な人は，「③ 一般的なイメージ」の中から 1 つ選び，長所としてアピールできれば充分である．自分の長所を動物の何と結びつけるか，見た目か，行動か，一般的なイメージか，よく考えよう．

### 3.5.2 自己 PR を書こう

では早速，自己 PR を書いてみよう．長所をアピールする時に気を付けてほしいポイントを以下に挙げる．

**(1) アピール・ポイントを絞る**

飾り立てればよい，というわけではない．格好よく見せようとしてあれこれ並べると，「明朗快活で，協調性があり，独創力に富み，何事にも一生懸命取り組み，新しいことに挑戦するのが好きです」などとなってしまう．これではどんな人なのか，イメージが浮かばない．自分を美しく見せるために持っているアクセサリーを全て付ける人はいないだろう．それと同じだ．

履歴書の自己 PR 欄は通常 200 字程度，多くても 400 字ぐらいである．この程度の量なら，アピール・ポイントは 1 つで十分である．エントリーシートでは，

600字以上要求されることもあるが，どんなに字数が多い場合でも2つまでにしよう．そして，その2つは関連性のある内容がよい．例えば，「最後まで諦めずにやり遂げる」と「計画性がある」は1つのまとまった内容として書くことができるが，「行動力がある」と「思慮深い」は1つにまとめることが難しい．

### (2) 具体例をあげる

どんなに魅力的な言葉を並べても，それを裏付ける根拠がなければ，相手は納得しない．どうしてこれが自分の長所なのか，どんな時にその長所が表れるのかなど，具体的な例や場面を挙げて説明する．エピソードも3つか4つ考えておくとよい．企業によって求める人材が異なるので，それに応じて強調する場面や切り口を変えられるように準備しておくことも，効率よく就職活動をする上では大切なテクニックである．

以上，(1)と(2)は基本中の基本，しっかりと身に付けよう．そして，次の(3)からは，少し高度なテクニックになる．文章を書くのが苦手な人にはなかなかおすすめできないが，書くのに慣れてきたら挑戦してみよう．

### (3) 仕事でどのように活かせるかを示す

就職後の「使える」私をアピールしよう．仕事の中で長所をどのように活かすか，それは自分のやりたいこととどう関連しているか，一本筋を通して書くことで，単なる自己PRは「仕事のための」自己PRへと進化する．ただし，気を付けてほしいのは，言い方を間違えると仕事を限定する結果になるという点である．会社側に「こういう分野のこういう人がほしい」という明確な意図があればよいが，自分の専門とやりたい仕事との間にずれがある場合は，特に注意が必要だ．

### (4) 少しの短所（あるいは失敗）と，それを克服する意気込み（あるいは克服した経験）を語る

長所だけの人間なんていない．長所と短所は紙一重である．「正確に仕事をする」人は「仕事が遅い」かも知れないし，「すぐに行動できる」人は「落ち着きがない」だろう．長所の裏にある短所に触れることで，君の自己PRはより説得力のあるものとなる．しかし，やり方を間違えると欠点を印象づけることになってしまうだろう．欠点のアピールにならないように，文章の組み立てをよく考えなければならない．

## 3.5 エントリーしよう

**【練習問題14】** インタビュー「私の長所と短所について」： 次の質問を，お互いになるべく関係のない3人の人にしてみよう．自覚している長所と短所，他人が指摘する長所と短所，新たな発見はあるかな？

1. 「私の長所はどんなところだと思いますか．私の長所が表れるのはどんな場面ですか．具体的に教えてください」
2. 「私の短所はどんなところですか．どうしたら直せると思いますか．あなたの意見をお願いします」

**【練習問題15】** 200字以内で自己PRを書いてみよう．

**【解答例1】** 私は責任感が強く，集団をまとめることが得意です．小学校から高校まで学級委員を務め，大学では合唱部の部長をしています．気が緩みがちな夏休みは誰よりも多く練習し，試験期間中の大会準備では率先して働くことで部員たちを動かし，まとめました．責任感の強さから一人で抱え込んで悩むこともありましたが，先輩や友達に相談するよう心掛けました．こうしたことが積み重なった結果，多くの人から信頼されるようになりました．（199字）

**【解答例2】** 私の長所は素早い行動です．飲食店でアルバイトをしていた時，客が何を求めているかを常に考え，すぐに行動に移していました．こうした態度が評価され，店長から接客コンクールの代表として推薦され，中部地区で3位に入賞しました．行動に移すのが早過ぎて失敗することもありますが，これは今後判断力を磨くことで解決したいと思います．失敗のない，素早い行動が出来るよう努力しています．（182字）

**【解　説】** 200字でどこまで具体的に書けるかは，なかなか難しい問題である．まず，400字くらいの長さのものを書こう．そこから余分なものを少しずつカットし，なるべくコンパクトな表現に置き換えていけばよい．そのとき，「これだけは」という具体例を1つ残し，そこはあまり縮めすぎないように注意しよう．

　解答例1も解答例2も，少しの短所とその克服方法が書き込まれている．200字でここまで書き込むのは大変かも知れないが，やってできないことはない．「短所のアピールになっていないかな」と不安になったときには誰かに読んでもらい，意見を聞こう．

========== 言葉コラム6 「それって"会社"？ それとも"企業"？」==========

　君が就職したいと思っている，その組織を表すのに，「会社」という言葉と「企業」という言葉がある．この2つの言葉，どちらを使えばいいのか，迷ったことはないだろうか．

　厳密にいえば，日本の法律のもとでは，「会社」と「企業」は区別される．「会社」とは，法律で定められた手続きをすませ，法人として法務省に登記されている事業組織のことを言う[1]．一方，「企業」には，法律上「会社」ではない事業者も含まれる．日本の法律では，法人として登記しなくても，商店や農場の経営などさまざまな事業を行うことができるからである．

　　[1]「会社法」という法律があり，日本の会社はそれに従う必要がある．ただし外国会社について言う場合は，単に"company"の訳として「会社」という言葉が使われる場合もあるため，法律とは必ずしも関係ない．

　とはいえ，普段目や耳にする言葉としては，その違いを意識する必要はほとんどない．「合同企業説明会」に行ったからといって，会社としての資格を持たない企業ばかりがブースを出しているということはあり得ない．また，会話の中でも，「こんな｛会社／企業｝に就職したい」「あの｛会社／企業｝は順調に利益を上げている」というように，自分を雇ってくれる組織や事業経営を行う組織という意味では，あまり区別せずに使っていることが多い．

　しかし，ときどき，「会社」か「企業」のどちらかしか使えないことがある．
　まず，次の例で，「会社」の代わりに「企業」と言うと，日本語としておかしいと感じられるのではないだろうか．

　　　例：「私は会社（×企業）から直接出張先に向かいます」
　　　　　「父は毎朝，自転車で会社（×企業）へ行っています」

この2つの例に共通するのは，「父」や「私」が仕事をする場所として，「会社」という言葉を使っているということだ．つまり，従業員の視点から，職場という意味で言う場合，「会社」とは言えるが，「企業」という言葉は使えない．

　一方，ほかの言葉と1つに結びつく（複合語になる）場合は，「企業」が使われることが多い．「優良会社」と言ってもいいが，「優良企業」の方がよく耳にする．また，以前は「会社案内」と言うのが普通だったが，最近は「企業案内」という言い方も目にするようになってきた．表3.6を見てみよう．

　「企業」は「会社」よりも広範囲の組織や事業を表しうる．それだけでなく，新しい複合語では「企業」が使われることが多い．「会社」という言葉が職場という意味もあって馴染み深いのに対し，「企業」という言葉は馴染みが薄い分，かえって格好いい，あるいは格調高いイメージを持たれている可能性がある．

表3.6 「会社」「企業」がほかの言葉と結びつく場合

| | 結びつく形 | 特徴 |
|---|---|---|
| どちらも<br>よく使う | 自動車〜 | ・事業を行う組織を表す |
| | 〜説明会 | |
| | 〜経営 | |
| 「会社」を<br>よく使う | 子〜 | ・法律用語でいう「会社」を表す |
| | 〜更生法 | |
| | 〜案内 | |
| 「企業」を<br>よく使う | 〜価値 | ・法律上「会社」でない組織や事業も含む<br><br>・新しい複合語 |
| | 〜努力 | |
| | 日本〜 | |
| | 中小〜 | |
| | ベンチャー〜 | |
| | IT〜 | |

面白いことに，大手検索サイトのGoogle（http://www.google.co.jp）で「会社説明会」と「企業説明会」をそれぞれ検索してヒット数を比べると，前者の方が多くヒットするのに対し，「合同会社説明会」と「合同企業説明会」では後者の方が多くなる（2011年3月に検索した結果）．単独説明会では馴染み深い言葉を使い，より大規模なイベントである合同説明会では，新しい，格好いいイメージの言葉を使うという傾向を見て取ることができる．

### 3.5.3 志望動機を書こう

履歴書を書くとき，一番悩むのが志望動機だろう．「勉強してきたことに近いから」「やりがいのある重要な分野だから」などが動機であれば，会社の採用担当者も納得するかも知れない．「有名だから」「大きいから」「自宅から近いから」というのは，たとえ本心であったとしても，そのまま書いてはいけない．「なぜ有名なのか」「規模の大きさはどのような利点となっているのか」「地元にあることの意義は何か」など，きちんと掘り下げて考える必要がある．

#### (1) 志望動機を書く前に

「志望動機」を書く前に，まず，こんなことを考えてみよう．考える際には，3.4.3項「どんな情報を手に入れるか」での企業研究を十分に活用しよう．

① 自分が本当にやりたいことは何か.
② 長所や経験,勉強(研究)は,仕事の中でどのように役立つのか.
③ 志望先のウリ,力を入れていることは何か.

〔自分が本当にやりたいことは何か〕

　学生時代の可能性を形にすると,社会人の君になる.将来の君はどんな社会人,企業人になっているのだろうか.自分自身を見つめ直し,本当にやりたいことは何かを自分に問いかけ,自分の望むものをきちんと把握することで,将来なりたい自分像が明らかになるはずである.

　　例:地元が元気になる活動をやりたい.
　　　　　↓　←なぜ興味を持っている?　将来どのようにやってみたい?
　　　地元の産物や手作り品を売るフリーマーケットに行ったとき,出店者も客も楽しそうなのを見た.そのことがきっかけで,流通業界でももっと生産者と消費者の距離が近く感じられるようにしたら,地域も業界も活性化できるのではないかと思うようになった.

〔長所や経験,勉強(研究)は,仕事の中でどのように役立つのか〕

　君の長所やこれまでの経験,勉強,研究などは,これからの仕事とどうつながるのだろうか.活躍する自分を具体的にイメージすることは,説得力のある志望動機を書く上で重要である.「こういうことをして来た私だからこそ,御社の期待に応えることができる」とはっきり言いたい.「がんばります」という意気込みだけで取ってくれるほど,会社は甘くない.

　　例:経済学部で流通に関する卒業研究をした.
　　　　地元の出身なので,地域の事情がよくわかる.
　　　↓
　　　地域に根ざした流通を支えるプロフェッショナルとして活躍する.

〔志望先のウリ,力を入れていることは何か〕

　最後に志望先について考えよう.「敵を知り己を知れば百戦危うからず」(孫子)だ.志望先の企業のウリは何か,力を入れていることは何かをきちんと調べておこう.ここで,説明会で集めた資料が効果を発揮する.同業他社ではなく,どうしてこの会社なのか,規模や知名度ではない観点から,はっきり説明できなくてはいけない.相手は人事のプロ,業務の内容が似ているからといって同じ内容の履歴書を使い回すと見破られてしまう.また,志望先企業のウリや得意分野

だけでなく，その弱点（改善すべき点）についても君なりの意見をまとめておこう．必ず役に立つはずだ．

> 例：A社は小規模だが，地産地消の生鮮食品販売に力を入れていて，地域密着型の経営をしている．消費者からは「新鮮で安い」と評価される一方で，「全国チェーンのB社に比べると，輸入食材の品ぞろえが悪い」と言われている．

【練習問題16】 「就職したい」と思っている会社を思い浮かべ，志望動機を書いてみよう．（200字以内）

【解答例1】 地元に密着した御社の一員となってこの地域をより活性化させ発展させたいと考え，志望しました．名古屋で生まれ育った私にとって，丸ハマークのスーパーマーケットは身近な存在です．御社が得意とする地産地消の生鮮食品販売における流通経路の効率化と，顧客の幅広いニーズに応える商品展開のために，私の専門知識が役に立つと思います．流通の専門家として御社の発展に貢献し，作る人も買う人も笑顔にしたいと思います．（196字）

【解答例2】 排ガス浄化装置の開発において先導的役割を果たす御社の業務に大変興味を持っています．私は環境問題を改善する仕事がしたいと思っています．特に，汚染物質を低減する技術より，排出された汚染物質を浄化するという前向きな技術に興味を持ち，研究して来ました．有害な物質を無害な物質へと変換する御社の技術は大変魅力的であり，学んで来た知識を活かせる場です．御社の一員として環境問題の改善に貢献したいと思います．（197字）

【解　説】 3.5.1項「書く技術」の（1）で述べたように，まず，「なぜ志望したか」を一言にまとめた文を最初に書いた方が効果的である．その後に，それを裏付ける理由なり根拠なり，君自身と関係する内容を書く．もちろん，その内容は志望先の会社のウリや強みと一致するものでなければならない．そして，最後にもう一度，少し異なる方向から志望動機のまとめを書くとよい．

　書くのが苦手な君も，「難しい」「書けない」と嘆いている暇はない．まず，鉛筆を手に持ち，志望先のウリと強み，君の得意分野や夢を紙に書いてみよう．それを客観的に眺めているうちに，どれとどれが結びつくかが見えてくる．行き詰ったら友達に相談してみるのもよいだろう．もちろん，友達のものも一緒に考え

る．お互いに意見を出し合っているうちによいアイデアが浮かぶものだ．就職活動において，友達はライバルであるとともに，かけがえのない仲間でもある．力を合わせて乗り切ることで，それぞれにとって最も相応しい道に進めるようにがんばろう．

**(2) 就職活動が本格化する前に，こんなことも考えておこう**

　最近は，採用方針に対応したエントリーシートを用意する企業が多い．一般的に，履歴書は君の基礎情報として就職後も保管され，配属や給与の資料としても用いられる．これに対し，エントリーシートは採用だけを目的としているため，「今年はこういう人を採りたい」という企業の方針を反映している．それで，企業が用意するエントリーシートにはそれぞれの個性や，その年ならではの特徴が表れる．

　エントリーシートには様々な質問がある．型どおりに「志望動機」だけ書けばよいとは限らない．場合によっては，似たような質問項目がいくつもあり，「ネタがない!!」「話がかぶっちゃう!!」とパニックになることもある．例えば，次のように，それぞれ別に項目立てられ，200～600字程度の文章を求められたりする．

　　例：A社─「志望理由」と「（A社で）実現したい夢・目標」
　　　　B社─「希望する業務とその理由」と「今までの技術・知識をどう活かすか」
　　　　C社─「志望動機」と「どのような業務に取り組みたいか」

　どうだろう．どこに何を書くか，うまく切り分けないと同じことの繰り返しになってしまう．もちろん，ほとんどの場合，「自己PR」と「研究テーマ」は必須である．さらには，「学生時代にがんばったこと」や「授業で興味を持ったこと」「成果を出したエピソード」などが要求されることもある．何でもかんでも埋めればよいというものではない．付け焼刃は通用しない．冷静になって，相手は何を求めているのか，どこに何を書くのが相応しいのか，よく考えて書こう．

### 3.5.4　履歴書をデザインしよう
**(1) 履歴書の常識**

　ここでは履歴書を書く上での一般的な注意点について述べる．
　履歴書を書くときには，次のことを最低限守らなければならない．

① 黒のペンを使用して，丁寧に手書きする．
② 省略しない．
③ 空欄のまま残さない．

〔黒のペンを使用して，丁寧に手書きする〕
　これは常識中の常識である．間違えた場合は書き直す．修正液や砂消しゴム，斜線による修正はしない．「青または黒のペン」と書いてある場合もあるが，「黒」の方がよいだろう．注意しなければならないのは，下書きをする場合だ．鉛筆で薄く下書きをし，丁寧にペン書きしても，消しゴムをかけたときににじんでしまったのでは台無しだ．インクの塊が落ちていないか，乾ききっていないところがないか，十分に注意しよう．

　丁寧に書くためには，時間の使い方も大切である．焦って書くと，字が汚くなったり，誤字脱字をしたり，書き間違えたりなど，かえって時間の無駄になる．スケジュールが詰まってくると，毎日が時間との勝負になるので，自分に合ったやり方を考えてあらかじめ準備しておいた方がよいだろう．

　さて，「元々字が下手」な人はどうしたらよいだろうか．今から少しずつ努力することは重要だが，すぐには直らない．大切なのは，「読みやすさ」と「丁寧さ」である．たとえ下手な字であっても，読みやすさに配慮して，心を込めて書けば，君の気持ちは伝わるはずである．

〔省略しない〕
　履歴書は正式な書類である．「齋藤」や「渡邊」などの名前や住所などの表記には，戸籍で用いられている漢字や住民票に記載されている地名を用いる．また，上の段と同じ内容だからと言って「〃」や「々」など，記号による省略はしない．入学と卒業・修了の対応する項目においても，「同校」などの表現はできるだけ避けよう．

　なるべく省略しないで書こうとすると，履歴書やエントリーシートのフォーマットによっては全部書けない場合が出てくる．どこまで詳しく書くかは，全体のバランスを見，「相手が知りたいのは何か」を予想すれば自ずと決まる．場合によっては1つの項目が2行になってしまうこともあるだろう．十分に行数があれば，1行に無理やり押し込むより見やすくなるので，2行になっても問題はない．

〔空欄のまま残さない〕
　履歴書は「君」のダイジェストである．全ての欄がアピールの場だと考え，有

効に使うようにしよう．

　もし，「得意科目」の欄が少し大きければ，単に「英語」と書くだけでなく「特にビジネス英会話」，「国際関係論」だけでなく「特に石油をめぐる世界情勢」など，少し詳しい一言を付けくわえてアピールすることができる．他にも，「趣味・特技」や「長所・短所」など，履歴書の形式によって異なるが，アピールのために使える欄はたくさんある．書き込みすぎて読みにくくなるのはよくないが，使えそうなところは貪欲に，どんどん使おう．空欄のまま残すことは，アピールの場を減らすことだ．肝に銘じよう．

　なお，「（住所以外の）連絡先」「賞罰」など，自分に関係のない欄がある場合は，「現住所に同じ」「なし」など，一言書いておく．「ない場合は空欄のままで」とある場合は，何も書かなくてよい．

　以上，履歴書を書く上での最低限の注意である．

### (2) 履歴書の形式

　ここでは，履歴書の「顔」にあたる部分を書く上での，形式上の細かな注意点について述べる．注意点には番号がついているので，後に挙げた履歴書の例と対応させて，確認しよう．なお，⑫は，ここの例では対応する欄がない．

① 「年月日現在」： 郵送の場合は投函日，持参の場合は持参日．

② 「年」： 西暦か元号か，全体を統一する．会社では西暦を，官公庁では元号を用いることが多い．最近は，一般的に西暦を用いる傾向にある．

③ 「写真」： スーツ姿．まじめで礼儀正しくかつ明るい印象．写真がはがれた時のために裏に氏名を書いておく．

④ 「（現）住所」： 住所は原則的に県名から省略せずに書く．「3の11」より「3丁目11番地」など住民票にある書き方がよい．ふりがなは町名まででよい．ただし，アパート名などで漢字が用いられている場合はそこにもふった方がよい．常に，読みやすさに配慮する態度が大切である．

⑤ 「ふりがな・フリガナ」： 「ふりがな」はひらがな，「フリガナ」はカタカナで書く．外国人の場合は名前をひらがなで書くと少し変な感じがするかもしれないが，原則に従った方がよいだろう．

⑥ 「連絡先」： 住所の他に連絡先（連絡を取りやすいところ）を記入した場合はそれが何なのか，「（帰省先）」「（研究室）」などわかるようにしておく．

⑦ 「学歴・職歴」： 「学歴」と「職歴」に分けて書く．欄の最後，書き終わり

の次の段の右端に「以上」と記入する．一般的に，学歴と職歴は繋がっており，「空白の期間」がない方がよいとされている．「この時期，何をしていたのだろう？　何もせずに遊んでいたのかな？　体調を崩していたのかな？」など，採用する側の不安要素となるからだ．不自然に見える空白期間がある場合は，就職相談窓口などで対応の仕方を教えてもらおう．なお，「学歴・職歴・賞罰等」とある場合は，「賞罰」の後に「以上」を記入する．

⑧「学歴」：
- どの時点から書くかは指定されていることが多い．指定がない場合は，中学校または高校卒業の時点から書けばよい．書くスペースがどれだけあるかを考えて，書き始める時期を決める．予備校は書かないのが一般的である．
- 学校名は，「○○県立○○高等学校」などのように，省略しないで書く．「普通科」「英数コース」などにさらに分かれている場合は，それも書く．特に，大学院の場合は，研究科名（例：農学研究科）を落とさないように気を付けたい．自分が所属している学科や専攻の正式名称がわからない場合は学生証を見ればよい．なお，「国立大学法人」のようにどの国立大学にも一律に付けられるものは省略するか，「(国)」などとしてもよい．
- 同じ学校で課程が進んだ場合は，「入学」のかわりに「進学」を使ってもよい．他校に編転入した場合は，「3年次編入」や「2年次転入」など，正確に書く．外国人の場合，母国の学校名の後ろには「(ベトナム)」などと入れておくとわかりやすい．また，来日したのがいつかわかるように，「○年○月　来日．○○日本語学校入学」などとしておいた方が，相手にとってはわかりやすいだろう．
- 小学校から大学の学部までは「卒業」，大学院は「修了」，研究生などは「終了」を用いる．最後に卒業・修了の予定を書き，「卒業見込み」または「修了見込み」とする．

⑨「職歴」：　学生は「なし」の場合が多いだろうが，あれば，もちろん書く．アルバイトは書かない．

⑩「賞罰」：　「賞」は，誰もが知っているような有名な大会で入賞した場合が対象となる．「罰」に当たるのは「懲役2年」などの「刑事罰」．交通違反で減点されるのは「行政罰」なので対象にはならない．ほとんどの人は，

「なし」となるだろう．
⑪「資格」： 運転免許やTOEICなどの点数，日本語能力試験（留学生）などを書くのが一般的である．欄が狭く，全部書けない場合は，その志望先で役立ちそうな資格を選んで書く．何も書くことがない場合は，「○年○月TOEIC受験予定」などとして誤魔化すこともできるが，やはり，何か書ける資格を取っておきたい．
⑫「健康状態」： 例にはないが，「健康状態」について記入する欄がある場合，通常「良好」「極めて良好」と書く．「風邪をひきやすい」「喉が弱い」など，細かいことは書かない．問題があると思われる場合は，書き方について，就職相談窓口などで相談しよう．

### (3) 履歴書の内容

　形式的な部分が整ったら，今度はどこに何を書くか，内容について検討しよう．形式的なことは真似をすればある程度，誰にでも書ける．内容は，君自身が考えなければならない．「君」という素材をどう見せるのか，どんな味付けにしたらよさが引き立つのか，最も効果的なデザインを考えよう．ポイントは，次の3つだ．
　① さまざまな君をアピールする．　←　繰り返してはいけない．
　② 一本筋を通す．　←　分裂してはいけない．
　③ 小さなチャンスも見逃さない．　←　空白を作ってはいけない．

〔さまざまな君をアピールする〕
　市販の履歴書にも会社ごとのエントリーシートにもさまざまな形式がある．その一つひとつに対応しながら，しかも，全体を使って君の魅力を最大限にアピールするためには，どの欄に何を置くかが大切である．例えば，「大学4年間テニス部に所属し，3年生でキャプテンをした」ことがウリだからと言って，「自己PR」と「大学時代に頑張ったこと」の両方に書くのは考えものだ．全体を見渡して，同じことの繰り返しにならないように，書く内容を配置しよう．

〔一本筋を通す〕
　それぞれの欄に書く内容が決まったら，どのような切り口で書くのかを考えよう．ここで大切なのが一本筋を通すことである．研究では「さまざまな状況を想定し，注意深く実験方法を検討した」君が，アルバイトでは「顧客の要求に即座に応じられるよう，迅速な行動を心掛けた」としよう．慎重さも瞬発力もどちら

## 履歴書

① 20××年 4月 10日現在

| ふりがな ⑤ | つる ま る い | | ③ 写真を貼る位置 |
|---|---|---|---|
| 氏　名 | 鶴　間　瑠　衣 | | 1. 縦36〜40mm 横24〜30mm 2. 本人単身胸から上 3. 裏面にのりづけ 4. 裏面に氏名記入 |
| 生年月日 | 1989年 10月 1日生（満 ×× 歳） | 男・⼥ | |
| 携帯電話番号 | 090-XXXX-XXXX　E-MAIL　tsuruma@XXX.XX.jp | | |

| ふりがな | あいちけんうまいしたべりんちょう | 電話 (052) XXX − XXXX |
|---|---|---|
| 現住所〒466-XXXX ④ | 愛知県馬井市田辺林町1丁目2番地の3 | FAX (052) XXX − XXXX |
| ふりがな | | 電話 (　)　− |
| 連絡先〒 ⑥ | 現住所に同じ | FAX (　)　− |

② ⑦〜⑩

| 年 | 月 | 学歴・職歴・賞罰 等 |
|---|---|---|
| | | 学歴 |
| 2004 | 3 | 馬井市立なごやか中学校卒業 |
| 2004 | 4 | 愛知県立なごやか高等学校普通科入学 |
| 2007 | 3 | 愛知県立なごやか高等学校普通科卒業 |
| 2007 | 4 | なごやか大学経済学部国際経済学科入学 |
| 2011 | 3 | なごやか大学経済学部国際経済学科卒業 |
| 2011 | 4 | なごやか大学大学院経済学研究科博士前期課程国際経済学専攻入学 |
| 2013 | 3 | なごやか大学大学院経済学研究科博士前期課程国際経済学専攻修了見込み |
| | | 職歴 |
| | | なし |
| | | 賞罰 |
| | | なし |
| | | 以上 |

⑪

| 年 | 月 | 免許・資格 |
|---|---|---|
| 2007 | 9 | 普通自動車第一種運転免許　取得 |
| 2011 | 5 | TOEIC（第162回公開テスト・スコア660点） |

標準的な履歴書

もウリになるが，対照的な2つの長所を合わせ持つ人というのは，なかなかイメージしにくい．この場合，瞬発力ではなく，「効率よく仕事をこなす」計画性をアピールすれば，「注意深く検討する」慎重さと両立するようになり，イメージ

しやすくなるだろう．君という魅力的な人間を具体的に思い描いてもらうためには，切り口を変えながらもばらばらになってしまわないよう，全ての矢印が君という一人の人間を指すよう，十分に注意しなければならない．

〔小さなチャンスも見逃さない〕

例えば，「趣味・特技」の欄に15字×3行くらいのスペースがあるとする．その場合，単に「料理を作ること．」と書いただけではもったいない．残りの2行を使って，「新作料理を工夫するのは，実験をしているようで楽しいです．」と書けば君のクリエイティブな一面が，「餃子が得意で，日本人の友達にも好評です．」と書けば日本社会に溶け込んだ君の姿が浮かんでくるだろう．

また，エントリーシートの最後によく置かれている「ご感想・ご意見等」に対して，「特になし」で済ましてしまうことは絶対に止めよう．何も思い浮かばない場合は，その会社のコマーシャルの感想や製品の使い心地，あるいはその会社に関連した思い出など，何でもよいから書こう．どうしても書くことがなければ，周りの人にアンケートをして，その結果をまとめてもよい．また，多少批判的なことを書いてもよいが，その場合は，その会社の弱点をカバーするための提案をしよう．「特になし」は「うちの会社に興味なし」と解釈される．これまでに積み重ねた苦労を無駄にしないためにも，最後まで気を抜かないようにしよう．

### (4) 役に立つ「引き出し作り」

さて，こんなに苦労して履歴書やエントリーシートを書いても，希望した就職先の採用試験にすんなり合格するラッキーな人はほとんどいない．何度も落とされ，落ち込みながら，それでも諦めずに，「私は一体何者なのか」「私がしたいのは何か」「私に何ができるのか」を問い続けるのが就職活動である．

何度も提出しなければならない履歴書やエントリーシート，それを効率的に作成することができれば，就職活動は少し楽になるかも知れない．そのために役立つのが「引き出し作り」である．次のようなことをしておこう．

① 自分の長所に関するエピソードを複数考えておく．
② 1つのエピソードにつき，3つの切り口を考えておく．
③ 整理して「引き出し」にしまい，必要に応じて取り出す．

〔自分の長所に関するエピソードを複数考えておく〕

就職活動では必ず聞かれる項目がいくつかある．それに対応するために，まず，自分の長所に関するエピソードをいくつか考えておこう．その際，エピソードの

場面として,勉強・研究,部活・サークル,アルバイト・ボランティア,趣味・特技など,いくつかの異なる場面を設定し,それぞれ1つか2つのエピソードを思い出しておくとよい.1つの場面にたくさんのエピソードが集中すると,後で使いにくい.

〔1つのエピソードにつき,3つの切り口を考えておく〕

次に,エピソードの中で強調する部分を少しずつ変え,部分ごとに違うアピール・ポイントを考える.例えば,エピソードが「オーケストラ部の活動」であれば,「演奏技術の向上」はこつこつと練習する忍耐強さ,「演奏会の準備」は計画性や役割の遂行,「すばらしい演奏」は仲間との協調性,といったように,異なる切り口を考えておく.

〔整理して「引き出し」にしまい,必要に応じて取り出す〕

最後に,準備したエピソードと切り口を整理し,「引き出し」にしまっておく.具体的には,簡単な表か一覧を作っておく.後は,相手によって組み合わせを考えれば,それぞれの会社に合ったエントリーシートを作成することができる.

以上の準備はメモ程度の簡単なものでよい.文章までしっかり考えて,となると,就職活動をする前から疲れてしまう.材料だけを準備しておき,文章はエントリーシートの字数などを見てから考えれば十分だ.何よりも大切なのは,これまでの人生を振り返り,自分のよいところをきちんと見つけ出しておくことである.たくさんの引き出しが作れるよう,普段から心掛けておこう.

(5) 学生時代にがんばったことの書き方

最後に,最近のエントリーシートで定番となっている「学生時代にがんばったこと」の書き方を学ぼう.書き方のポイントを整理すると,次のようになる.

① 最初に書くのは,まとめとなる一文.
② どうがんばったのかを,具体的に書く.
③ どんな困難があり,どう克服したかが大切.
④ それによって何を得たか,自分がどう変わったかを示す.
⑤ 具体的な成果があれば,それも書く.
⑥ 仕事にどう役立てていくのかを書く.

①,②は,これまで繰り返して来たことと基本的に同じである.出来事について書く場合,注意しなければならないのは,具体的に述べるのと事細かに述べるのは違うということだ.決まった字数の中で,読む人がイメージしやすいように

するためには，省略すべき事柄と詳しく描く場面を決め，意識的に区別して書かなければならない．

③，④も，必ず盛り込まなければならない．単に「がんばりました」ではダメだ．困難とそれを乗り越えるための工夫や努力，そして，自身の成長について書こう．人事担当者が一番知りたいのは，この部分である．

以上は必須で，ここまで書ければ一応合格点に達する．⑤，⑥を加えると，さらに完成度が高まる．ただし，200～400字程度ですべてをクリアする文章を書くのはなかなか難しい．まずは，①～④を目指して書いてみよう．

**【練習問題17】** 学生時代にがんばったことについて書いてみよう．（200字程度）

**【解答例】** 入学時にイベントサークルを作り，運営に力を入れました．最初に計画したキャンプは参加者が少なく，自分の視点だけでは魅力的なものは作れないと気付きました．1人ずつ意見を聞き，個々の立場に立って計画を改めた結果，参加者が増え，楽しいキャンプになりました．その後も個々の意見を大切に様々なイベントを計画し，3年間で100人もの仲間を集めました．私はこの経験で得た相手の立場で考える能力を接客の際に役立てたいです．（200字）

**【練習問題18（応用）】** 研究内容について，専門ではない人（例えば採用担当者）にわかるように説明しよう．（200字程度）

**【解答例】** 研究テーマ：効率のよい金属切削技術の開発
研究内容：切削中に自然発生する振動を利用することで，工具の温度を下げる技術を開発しています．耐熱合金のような固い金属を切削する工具の耐久性は低く，それを高めるには切削による熱を放出させ，温度を下げなければなりません．そのためには振動を与えることが有効な手段ですが，これには大規模な装置が必要となります．切削中の振動が利用できれば，大規模な装置を使うことなく，工具の耐久性を高めることができます．（192字）

**【解　説】** まだ研究を始めていない人には書きにくいかも知れない．しかし，就職活動の開始時期を考えると，「これからやるつもりの研究」を考え，「先輩がやっている研究」を参考に，何か書くしかない．たとえ研究に着手していなくても，研究目的や研究の独創性と何に役立つかなどは書けるはずである．すでに研究を

始めている人は，苦労した点とそれを乗り越えるための工夫を書くとよい．

注意しなければならないのは，専門用語の羅列にならないようにすることである．学会で発表するわけではない．論文要旨の丸写しにならないよう，十分に注意しよう．採用担当者が知りたいのは，研究に取り組む姿勢と君の説明力である．

## 言葉コラム7 「就活に強い文章を書こう」

エントリーシートなど，会社に出す文章を書いた後は，必ず読み返そう．どうだろうか．もっと印象をよくするには，どうすればいいのだろうか．ここでは，就職活動に使う文章を見直すための代表的なチェックポイントを紹介しよう．

### (1) 文を短くしよう

まず，次の例を見てほしい．もっと読みやすくするには，どのように直したらいいだろうか．

> 例：学生時代に力を入れたことを150字以内で書きなさい．
>
> 「中国語の勉強に力を入れて，大学の授業でもネイティブの先生に積極的に質問しに行ったり，大学2年生の夏休みに短期留学をしたりして，そのとき最初は町の人の言葉も全然わからなかったのに，習った表現を少しでも使うようにしていったら，日常会話ができるようになり，中国語検定3級にも合格しました．」

1つの長い文で書かれているために，だらだらとおしゃべりをしているような印象を与えてしまう．短い文を重ねた方がすっきりとして，読みやすくなる．およその目安として，1つの文が2行を超えたら長すぎると考えよう．さらに，文と文をつなぐ接続詞を活用することで，前後関係をはっきりさせ，わかりやすくすることができる．以上の点に注意して書き直すと，次のようになる．

> 例：「中国語の勉強に力を入れました．大学の授業では，ネイティブの先生に積極的に質問しに行きました．また，大学2年生の夏休みに，短期留学をしました．最初は町の人の言葉も全然わかりませんでしたが，習った表現を少しでも使うようにしました．その結果，日常会話ができるようになり，中国語検定3級にも合格しました．」

### (2) 文末を工夫しよう

次の例では，すべての文の終わりが，「〜と思います」という形になっている．これは，文章が単調になるだけでなく，ぼんやりとした，弱い印象を与えてしまう要因となる．どのように直したらいいか，考えてみよう．

> 例：希望する職種とその理由を150字以内で書きなさい．

「エンジンの研究開発部門で働きたいと思います．今後，さらに環境に優しい自動車を作ることが求められてくると思います．そのためには，クリーンなエンジンを作ることが特に重要だと思います．また，私はフィルターの機能について研究しているので，エンジン開発に専門知識を活かすことができると思います．」

まず，自分で考えた結果について述べる場合は，「～と考えています」という言い方もできる．一般論として事実や予想を述べる場合は，「～でしょう」「～と言われています」「～と考えられます」でもいい．事実や決意については，いっそ，「～と思います」を取って，「～です」「～ます」と言い切ってしまってもいい．その方が，よく知っている，あるいは，強く決意しているという印象を与えることができる．例えば次のように書き直せるだろう．

「エンジンの研究開発部門で働きたいと考えています．今後，さらに環境に優しい自動車を作ることが求められてきます．そのためには，クリーンなエンジンを作ることが特に重要だと考えられます．また，私の研究テーマは，フィルターの機能です．この専門知識を活かして御社のエンジン開発に貢献してまいります．」

「～と思います」に限らず，同じ文末が続くなあと思ったら，別の形にできないか，考えてみよう．たとえば，「～です」と「～ます」の入れ替えなども有効な手段だ．

例：「～です」　　　　　　　　　　　「～ます」
　　専門は，幼児の言語獲得です．　　幼児の言語獲得について研究しています．
　　テニスサークルの部長でした．　　テニスサークルで部長を務めました．
　　御社の理念が魅力的です．　　　　御社の理念に魅力を感じます．

同じことを書くなら，読み手の心に届く文章の方がいい．ひと工夫を重ねて，君の文章をさらにブラッシュアップしよう．

### 3.5.5 内々定をもらったら

提出したエントリーシートが通ったら，次は面接である．面接に関する話はたくさんあるので，次章の4.2節「面接を受けよう」でまとめて述べる．ここでは，一足早く，「内定」後に関する話をしよう．

会社から「(あなたを)採用することに決めた」という通知が来たら，これが「内定」である．正確にいえば，最初にもらうのは「内々定」で，本当に「内定」が決まるのは10月の内定式後である．

以下では内々定をもらった後でしなければならないことについて説明する．

## 3.5 エントリーしよう

### (1) 受けるか辞退するかを決める

内々定をもらったのが1社だけであれば迷う必要はない．(2) 以下を参考にして，その会社に確実に入れるように手続きを踏んで行こう．複数の会社からもらった場合は，まず，「本当に就職するのはどこか」を決めなければならない．「当然，一番行きたい会社だ」と思うかもしれないが，場合によってはそう簡単に行かないのが辛いところだ．例えば，学校推薦で応募した会社から内々定が出た場合，断ることはできない．君が断ることによって学校と会社の信頼関係が損なわれ，これから就職しようとする後輩が不利になるからだ．

### (2) 期限内に返事をする

内々定は最初電話で通知され，その後で文書が送られてくることが多い．そこには，一般に，内々定を受けるかどうかの意思表示をする期限が書かれている．「受諾書」が同封されていることもある．内容をしっかり確認し，期限内に返事をしよう．万一，期限が書かれていなくても，「行こう」と決めた会社には，はっきりと入社の意思を伝えよう．

さらに大切なのは，内々定を辞退する場合である．「もう行かない会社だから」とおろそかにしてはいけない．決心がついたら，できるだけ早く電話で連絡しよう．辞退することによって迷惑をかけることを，とにかく謝る．そして，改めて手紙を書いてお詫びする．(内々定辞退の手紙の書き方は2.1節「ビジネス文書の基本」の練習問題2を参照)

### (3) 受諾後も社会人らしく責任をもって行動する

さて，内々定を受諾する会社を決め，他社へ辞退の連絡をし終えたら，入社までの時間はどう過ごしたらよいだろう．まず，内々定をもらったことで気を抜かないようにしたい．手続きをきちんと踏まないと，「入社する意思がない」と見なされてしまうかもしれないからだ．一つひとつの手続きを間違いなく行うことで，確実に入社しよう．受諾後の行動をまとめると次のようになる．

〔お世話になった方に報告をする〕

指導教員，就職担当の先生，キャリアセンターのスタッフなど，お世話になった方にすぐに連絡をして，お礼を言おう．感謝の気持ちを，電話でも，メールでもいいので一刻も早く知らせよう．

〔入社前研修や内定式などに，会社の指示どおりに参加する〕

入社前に，社員としてのマナー研修や，内定者だけのパーティーなどが行われ

ることがある．必ず参加すること．やむを得ず欠席する場合は，必ず人事担当者に連絡し，相談しよう．

〔残りの学生生活を充実させる〕

会社に入ったら，慣れるまでは大変な生活が続く．学生だからこそできることをし，残りの学生生活を充実させよう．

■【練習問題 19】 お世話になった先生に，内々定の報告のメールを書こう．

【解答例】

```
件名：内々定のご報告と御礼（田中一郎）

就職支援センター　川上先生

情報工学科 4 年の田中一郎です．
いつもお世話になっております．
また，先日は面接の練習をしてくださり，ありがとうございました．

お陰様で，今日名工産業株式会社から内々定の通知をいただきました．
本当にありがとうございました．
名工産業株式会社は私の第一志望ですので，本当にうれしいです．
これも，先生がいろいろ教えてくださったお陰だと感謝しております．

これからは，専門の勉強に専念して，
しっかりした卒業論文を書こうと思います．
今後ともよろしくお願いします．
```

■【練習問題 20】 内々定辞退の電話をかける場合，どのようなことを話したらよいか，考えよう．（ヒント：① 自分の断りたいという決心をきっぱりと伝え，曖昧なことを言わない，② 辞退の理由は，簡潔に言う．必ずしも具体的に言う必要はない，③ 迷惑をかけて申し訳ないという気持ちを伝える，④ 相手が感情的になる可能性があるが，自分は冷静に断る，⑤ できるだけ早めに知らせる．電話だけですませず，手紙を書く．）

【解答例】 学生（田中）とＡ株式会社人事部採用担当者（佐藤）との会話：

田中：美名尾理工大学情報学科 4 年の田中と申します．このたびは合格のお知らせをいただきまして，ありがとうございました．

佐藤：いいえ．田中さんは優秀ですから，期待していますよ．

田中：実は，そのことでお電話しました．大変申し訳ないのですが，合格を辞退させていただきたいのです．勝手を言って申し訳ありません．

佐藤：ええ！　本当ですか？　どうしてですか！

田中：やむを得ない事情がありまして，いろいろ考えたのですが，辞退させていただきます．

佐藤：ええ！　田中さんは面接のとき，うちが第一志望だと言ってたでしょ．

田中：すみません．面接のときはそう思っていたのですが，その後いろいろと思うところがあり……．

佐藤：もう決めてしまったんですか．考えは変わらないんですか．

田中：すみません．佐藤様にはいろいろ親切にしていただきましたので，本当に申し訳なく思っています．

佐藤：そうですか……．残念ですね．……わかりました．お互いにがんばっていきましょう．

田中：はい，ありがとうございます．ご迷惑をおかけしました．失礼します．

【解　説】　世の中は，広いようで狭い．内々定を辞退した会社の人とまた顔を合わせる機会があるかもしれない．相手が取引先となるというような，ドラマみたいな話もありうる．相手に配慮して，言葉を選びながら，低姿勢で謝ろう．自信がない人は，電話をかける前に，就職担当の先生などに相談した方がいいだろう．

## 文化コラム 8 「知ってますか？　結婚式とお葬式のマナー」

社会人になれば，結婚式やお葬式に参列する機会も増えてくる．そんなときに困らないように，日本の結婚式とお葬式の一般的なマナーを簡単に紹介しよう．

### (1) 結婚式

〔招待状をもらったら〕　必ず期日までに返信しよう．出席できない場合は理由を書いてお詫びする．出欠いずれの場合も，一言お祝いの言葉を添えるのが一般的．（返信用はがきの書き方については，2.2 節 (4) 参照）．欠席する場合でも，当日会場に届くように祝電を打つとよいだろう．急に出席できなくなったときは，できるだけ早く電話で伝えてお詫びをする．日本では結婚式は，時間とお金をかけて準備をする場合が多い．「友達が遊びに来るから」「旅行に行くから」など，軽い理由で断るのは失礼になる．

〔当日の服装〕　男性は黒のスーツに白やシルバーのネクタイ．靴・靴下は黒．女性は着物かドレス，スーツ．白は花嫁の色なので避ける．招待状に「平服でお越しください」と書いてある場合でも平服とは「正式な礼装でないもの，略礼装」という意味なので，カジュアルなものは避け，スーツやワンピースで出席する．なお，披露宴の会場に持ち込むのは小さなバッグ程度にし，必要のないものはクロークに預ける．

〔ご祝儀〕　祝儀袋に入れたものを披露宴当日に受付に預けるのが一般的．表書きは水引

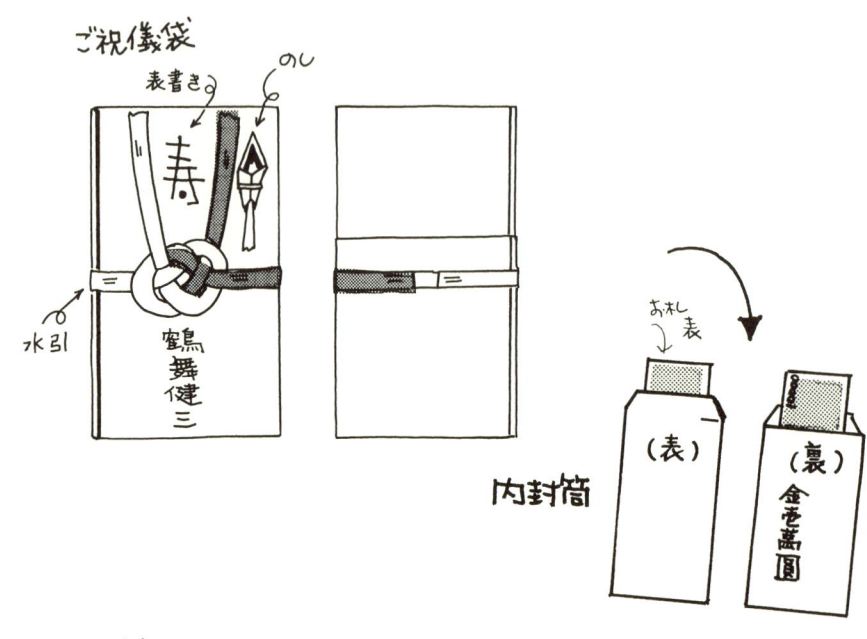

ご祝儀袋
表書き
のし
寿
鶴舞健三
水引

内封筒
お札 表
(表) (裏) 金壱萬圓

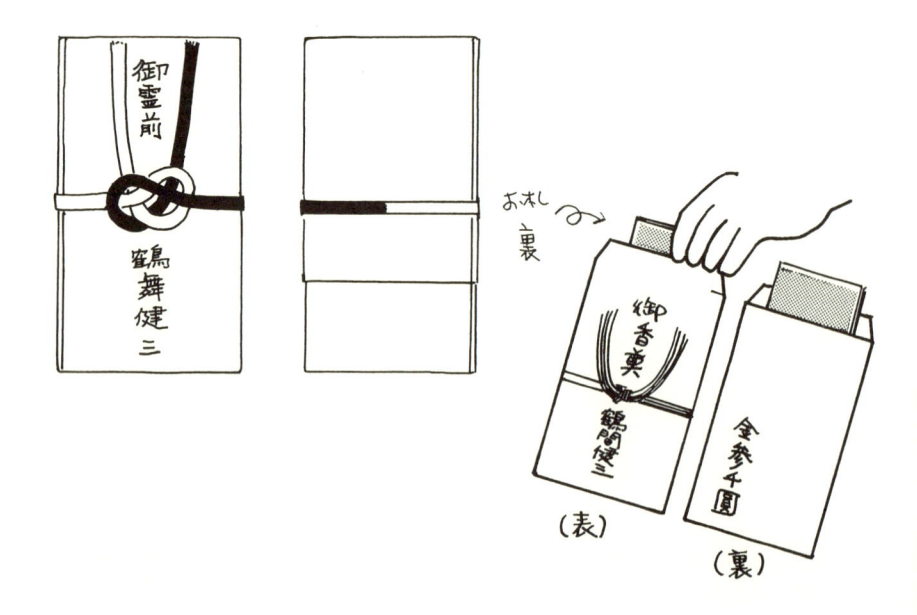

不祝儀袋
御霊前
鶴舞健三

お札 裏
御香奠
鶴舞健三
金参千圓
(表) (裏)

の上に「寿」，下に氏名を書く．お札を封筒に入れたものを包む．封筒の裏には金額を書いておく．お札を入れる際は，お札の表面が封筒や包みの表面に向くように入れる．同僚や友人の場合は，3万円程度が相場．結婚式では，2の倍数は「2つに分かれる」ため，避けられることが多い．受付では「本日はおめでとうございます」と言ってから預ける．

〔避けたい言葉〕 おめでたい席なので，「切れる・終わる・離れる・別れる・割れる・冷える・飽きる」などのような言葉を使わないように気をつける．

## (2) お葬式

〔通夜〕 午後6時〜9時頃に行われる．決められた時間までに到着するようにする．職場からそのまま行くときは，女性はアクセサリーを外して行く．派手な色のものを着ているときは，一度家に帰って着替えた方がよい．

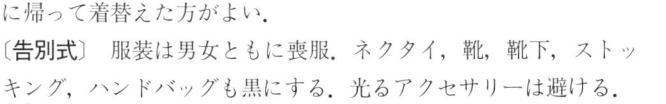

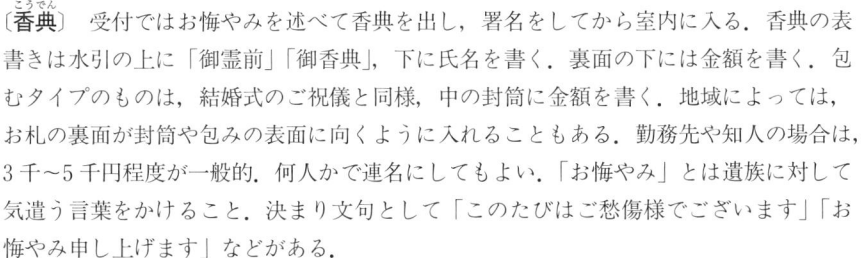

〔告別式〕 服装は男女ともに喪服．ネクタイ，靴，靴下，ストッキング，ハンドバッグも黒にする．光るアクセサリーは避ける．

〔香典〕 受付ではお悔やみを述べて香典を出し，署名をしてから室内に入る．香典の表書きは水引の上に「御霊前」「御香典」，下に氏名を書く．裏面の下には金額を書く．包むタイプのものは，結婚式のご祝儀と同様，中の封筒に金額を書く．地域によっては，お札の裏面が封筒や包みの表面に向くように入れることもある．勤務先や知人の場合は，3千〜5千円程度が一般的．何人かで連名にしてもよい．「お悔やみ」とは遺族に対して気遣う言葉をかけること．決まり文句として「このたびはご愁傷様でございます」「お悔やみ申し上げます」などがある．

〔避けたい言葉〕 結婚式と同様に，葬儀でも「たびたび・つづいて・繰り返す・重ねがさね・また」など「不幸が続く」という意味で使わない方がいい言葉がある．

〔その他〕 遺族は喪に服すため，次の年の正月行事は行わない．1年以内に不幸があった人には，一般的に年賀状を出さない．

# 第4章

# 話す技術，論じる技術

## 4.1 基本技術

### 4.1.1 ディスカッションとディベート

　最近，ディスカッションやディベートという言葉をよく耳にする．これらはどのようなものなのだろうか．

　ディスカッションとは，簡単にいえば自由討論である．何となく難しそうな響きだが，友人同士の会話のように，君たちが日常的な場面で意識せずに行っている話し合いもディスカッションと呼べる．特に手順が決まっているわけではなく，統一されたルールもない．また，必ずしも結論を出さなくてもよい．例えば，「『$CO_2$削減のためにどのような取り組みができるか』というテーマで話し合いました．いろいろな意見が出ましたが，具体的な取り組みを決定することはできませんでした．」というまとめになったりすることもある．「結論を出せ」という制約がない限り，これでも問題はない．まず，話し合うこと，そして結論に向かってみんなで意見を出し合うことがディスカッションの大きな目的である．そのため，ディスカッションの成否は，話し合いを通じていかに有効な人間関係を築くかに左右されることが多い．

　自由討論であるディスカッションに対して，ディベートではルールに則って討論する．中学校や高校でディベートを経験した人もいるだろう．一般的には，あるテーマに対して「肯定」「否定」の2チームに分かれ，「立論→反駁→要約」などのスピーチを順番に行い，最後に審判が「どちらのチームに説得力があるか」を判定する，という形式で行う．このため，ディベートでは，自分の考えや思いをいかに伝えるか，伝えたものにいかに共感してもらうかが重要になる．ここで

1つ注意したいのは,ディベートの目的は議論している相手を言い負かすことではないということだ.例えば,「原子力発電所を廃止すべきか」というテーマでディベートしたとしよう.君が「地震などの自然災害の多い日本では,完全な安全性を確保することは難しい.想定外の危険な事態に陥りやすい原子力発電所は廃止すべきである.」という肯定の意見であるのに対し,Aさんは「消費電力の約4分の1を原子力に頼っている現在,有効な代替自然エネルギーなどが開発されない限り,原子力発電所は必要不可欠なものである.」と否定の主張をした.このとき,君のすべきことは何か.それは,Aさんの意見を否定することではない.自分の主張がいかに優れているかを,根拠を挙げて効果的に述べ,聞いている人々を説得することである.ディベートの目的は,君の主張には説得力があり,納得できると評価してもらうことにある.このことを忘れないようにしよう.

最近では,入社試験でも「グループで活動させることにより,その人の能力や適性を判断する」ことがよくある.活動内容としては,ディスカッションが多いが,ときにはディベートやプレゼンテーション,あるいは何かを協同で作成するというものもある.こうしたさまざまな場面に対応できるように,以下では,まず,説明の仕方と意見の言い方について練習しよう.話す技術・論じる技術の基礎を身につけることは,就職活動だけでなく,就職後に社会人として活躍するときにも,必ず役に立つだろう.

### 4.1.2 説明の仕方

上手な説明とはどのようなものだろうか.どんな場面で誰に何を説明するかによって異なるが,それは,「伝えたいことをきちんと伝えられる」説明だといえる.ここでは,データを見せながら口頭で説明する場合の「これだけは外せない」ポイントについて述べる.

**(1) まず全体像を伝える**

初めて話を聞くとき,誰でも「どんな話だろう」と自分勝手に推測する.物語であれば,推測を裏切るような展開にすることでどんどん話に引き込むこともできるが,説明では裏切りは無駄な労力となる.まず,どんな話になるのか,聞いている人が予測しやすいように,全体像をきちんと伝えよう.これにより無駄な労力を省き,誤解を防ぐことができる.

**(2) わかりやすい言葉で順序よく,具体的に話す**

難しいことを難しく説明するのは，専門知識さえあれば誰にでもできる．難しいことをわかりやすく説明するのはとても難しい．聞き手の状態に合わせ，わかりやすい言葉を選び，過去から現在へ，現在から過去へ，部分から全体へ，全体から部分へと，順序よく説明しよう．また，「AはBに比べると，とても多いです」ではなく，「AはBの3倍です」のように具体的な数値を用いたり，「富士山のような形をしています」など誰もが知っている事例を出したりすることで聞いている人の理解を促し，各自が抱くイメージを共通化すると，わかりやすく説明することができる．

### (3) 注目すべき点を把握し，時々確認を入れながら話す

説明全体の中で特に注目してほしいのはどこか，注目すべき点をしっかりと頭に入れておこう．それを際立たせるために，必要なこととそうでないことをきちんと分け，必要な情報だけを簡潔にまとめよう．その上で，誤解しやすいところや複雑なところなど，理解の障害になりそうなところを予測し，丁寧に説明する．また，「このとき，先程のAはA'となります」「以上をまとめるとBとなります」など，ときどき確認を入れながら話すと，聞いている人の理解を助けることができる．

説明練習をする前に，説明に使うデータについて簡単に確認しておこう．

君たちは毎日，さまざまなデータを目にしている．「モテる男ランキング」から政府が発表する統計データや世論調査など，少し考えただけでもいろいろなものが思い浮かぶ．就職後は，顧客データやライバル会社の製品情報，取引先の状況などをまとめ，分析して報告しなければならないだろうし，取引先に説明したり，上司を説得したりするためにデータを用いることもあるだろう．

データを使って自分の言いたいことを伝えたり，人を説得したりするために注意すべきことはなんだろう．それはデータの性質をよく知ることである．数字で示されていると何となく客観的に見え，信頼できるような気がしてしまうものだが，どうやって出した数字かにより性質は異なる．例えば，ある製品の販売台数などは，実際に何台売れたかを集計しているため，数字自体の信頼性はある程度高いと言える．これに対して，「今の生活に満足していますか」など，目に見えない内面的なものに対する調査はどうだろう．いわゆる意識調査では，年齢や性別，何をしている人かなど回答者の属性が結果に影響を与える．また，誰がどのような方法で調査をしたかという，調査する側の状況によっても結果に違いが出

るだろう．この点を十分に理解した上で，データを用いることが重要である．同僚10名に聞いた結果を元にして「20代の若者が好きなのは……」などと言ってしまうことがないよう，充分注意しよう．

【練習問題1】 図1～3は，日本の人口ピラミッドを表したグラフである（「日本の将来推計人口（平成18年12月推計）」（国立社会保障・人口問題研究所）による．）これらのグラフを説明してみよう．

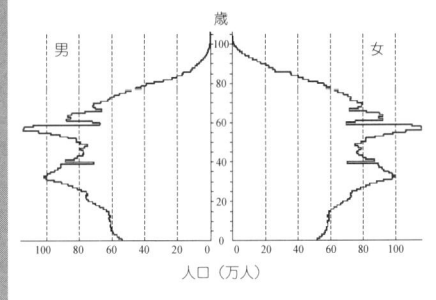

図1　2005年の人口ピラミッド*

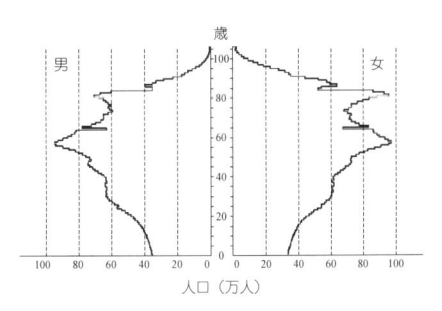

図2　2030年の人口ピラミッド*

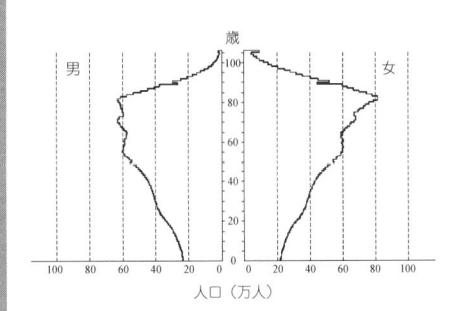

図3　2055年の人口ピラミッド*

ヒント： 説明の仕方のポイントに対応させて考えてみよう．① 全体像：3つの人口ピラミッドの図は，2005年当時の実際の人口と，それを元に25年後，50年後を予想したものである．② 順序よく具体的に：現在から将来へと順に説明する．③ 注目すべき点：過去の出生数の増減が，図1（2005年）にどのように現れているか．それが将来どのように変化していくか．

過去の出生数を大きく変化させた主な要因は3つある．
・第1次ベビーブーム（1947～1949）　→増加

・丙午（ひのえうま）(1966) →減少
・第2次ベビーブーム (1971〜1974) →増加

その他にも，終戦直後 (1945〜1946) の減少や，長期的な減少傾向 (1950〜1957, 1975〜) も，説明すべき点として押さえたい．

また，人口ピラミッドの変化を説明するときに，外せないのが「少子高齢化問題」である．25年後（図2），50年後（図3）と人口ピラミッドの形が変化することから，どんどん深刻化していくことが予想される．こうした難しい言葉は，きちんと説明できるように調べておこう．

【解答例】 この3つのグラフは，日本の人口が今後どのように変化していくかを予測したもので，それぞれの年における男女別，年代別の人口が示されています．今から数年前の2005年の状況と，その25年後の2030年，50年後の2055年の予測が示されています．では，順番に見ていきます．

最初のグラフ，図1は2005年のものです．全体がコマのような形になっています．男性も女性も50代後半の人口が最も多く，次に30代前半の人口が多くなっています．高齢者といわれる60代以上の人口は，それほど多くありません．50代後半の人たちは，「第1次ベビーブーム」と呼ばれる出生率の急上昇した時期に生まれた人たちです．1945年に戦争が終わったことで人々が安心し，兵士が帰還して家庭を持ったため，子どもの数が急激に増えました．その時生まれた人々が，2005年には50代後半になっています．30代前半は「第2次ベビーブーム」世代と呼ばれ，「第1次ベビーブーム」世代の子どもたちです．それぞれのベビーブームのすぐ上に，一時的に人口が落ち込んでいる年代があります．第1次ベビーブーム世代のすぐ上は，終戦の1945年から46年に生まれた人たちです．戦争末期の緊迫した社会情勢が影響していると思われます．また，2005年に39歳になる人口が極端に少ないのは，その人たちが生まれた1966年が丙午の年だったからです．「丙午の年に女の子が生まれるとよくない」という迷信から，出産を避ける人が多かったため，出生率が大きく低下しました．第2次ベビーブームの後は，出生率の低下傾向が見られ，20代以下の人口が減少しています．

次のグラフ，図2は，25年後にあたる2030年の人口を予測したものです．2度のベビーブームに生まれた人たちは，2030年にはそれぞれ70代，50代になっています．他の年代に比べると，この年代は相変わらず人口が多いことがわかります．また，医療技術が発達し，自然減少が減ることから，60代以上の高齢者の人口は，2005年よ

り増えると予測されています．その一方で，20歳以下の人口は2005年のグラフよりさらに減っています．出生率はますます低くなると考えられており，それが反映した結果だと思われます．この推計どおりにいけば，子どもの数が減り，老人の数は増加するでしょう．少子高齢化がますます深刻化するものと予想されます．

50年後の2055年，この傾向はさらに顕著になっています．図3のグラフは逆ピラミッドのような形になっており，高齢者の人口比が2005年に比べてはるかに大きくなります．グラフ線の出入りは，自然減少などにより均一化されて滑らかになるでしょう．一番多かった第1次ベビーブームの人たちも100歳近くになり，人数が減少しています．大きな塊が80代にありますが，これは第2次ベビーブームに生まれた人たちです．それ以下の世代は減少し続けており，年齢が下がれば下がるほど，人口比に占める割合も低下しています．

以上のように，日本の人口ピラミッドはコマ形から逆ピラミッド形へ変化すると予測されており，それに伴って少子高齢化問題がますます深刻化すると考えられます．これで，日本の人口変化を予測した3つのグラフについての説明を終わります．

**【練習問題2】** 図は，少子化問題についてどう思っているのかをまとめたものである．説明してみよう．

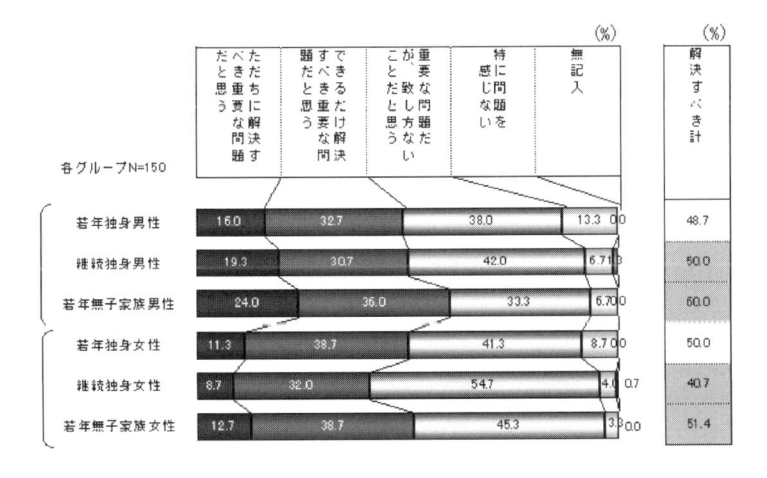

| 各グループN=150 | 食べたときだけに重要な解決すべき問題だと思う | 問題すでに重要な解決すべきだと思う | 重要だけど解決できることだと思う | 特に問題を感じない | 無記入 | (%) | 解決すべき計 (%) |
|---|---|---|---|---|---|---|---|
| 若年独身男性 | 16.0 | 32.7 | 38.0 | 13.3 | 0.0 | | 48.7 |
| 継続独身男性 | 19.3 | 30.7 | 42.0 | 6.7 | 1.3 | | 50.0 |
| 若年無子家族男性 | 24.0 | 36.0 | 33.3 | 6.7 | 0.0 | | 60.0 |
| 若年独身女性 | 11.3 | 38.7 | 41.3 | 8.7 | 0.0 | | 50.0 |
| 継続独身女性 | 8.7 | 32.0 | 54.7 | 4.0 | 0.7 | | 40.7 |
| 若年無子家族女性 | 12.7 | 38.7 | 45.3 | 3.3 | 0.0 | | 51.4 |

ヒント： 意識調査について説明する場合，「調査者はこの調査を通じて何を明らかにしたかったのか」について考える必要がある．調査者の意図は，調査のタイトルはもちろん，質問内容や選択肢，回答者のグループ分けなどに表れる．この図の場合は，グラ

フの右側にある「解決すべき計」にも着目したほうがいいだろう．また，選択肢がいくつかある場合は，それらをグループ分けして示すと，全体的な傾向がより明確化する．

**【解答例】** この意識調査は，「子どものいない人が少子化問題をどう捉えているのか」について調べたものです．以下，簡単に説明します．

回答の選択肢は，「ただちに解決すべきだ」あるいは「できるだけ解決すべきだ」という問題意識が感じられるものが2つ，「致し方ない」「問題を感じない」という問題意識の薄いものが2つあります．問題意識が感じられる2つの選択肢の回答数は，右に「解決すべき計」としてまとめられています．

回答者は，男女別に，「若年独身」「継続独身」「若年無子家族」の3グループ，合計6グループに分けられています．グループごとの回答者数は150人です．

少子化について問題意識が最も高いのは，「若年無子家族」の男性で，過半数にあたる60％の人が「解決すべきだ」と答えています．逆に，問題意識が薄いのは「継続独身」の女性で，54.7％が「致し方ない」と答えています．このグループは「解決すべき計」も40.7％と最も低くなっています．

全体を男女別に見ると，女性より男性の方が少子化に対する問題意識が高くなっています．男性の方が，女性より出産や育児への関わりが少ないと考えられますが，少子化に対する問題意識が高いのは，面白い傾向だと思います．また，独身かどうかで見ると，「若年独身」「継続独身」の方が，結婚している「若年無子家族」より，「少子化は仕方がない」と考える傾向が強いようです．

以上，「子どものいない人が少子化問題をどう捉えているのか」に関する意識調査の結果について，簡単に説明しました．

### 4.1.3　意見の言い方

個人面接やグループ討論などの具体的な場面での意見の言い方は，他のスキルと合わせて4.2節以降で詳しく述べる．ここではまず，意見を言う場合の基本姿勢について確認しておく．意見を言う場合に注意したいポイントは，次の3つである．

① 自分の立場を明確にする．
② 常に冷静さを保つ．
③ 相手の意見のよい点を見つける．

意見を言う場合には，自分がどのような立場で意見を述べているのか，賛成か，反対か，中立かを明確にしなければならない．そして，その立場から問題にすべきことは何かを考える必要がある．さらに，他の参加者がどのような立場で意見を言っているのかを把握することにより，自分の立場はより明確なものとなる．つまり，自分の立場を明確にし，他の参加者の立場をきちんと把握した上で発言することが，意見を言う場合の重要なポイントである．これにより，論点は明確なものとなる．

そして，いつも冷静に意見を言うよう，充分に気をつけてほしい．自分と意見が対立する者に対しても，感情的になることは厳禁である．たとえ，相手が感情的な発言をしたとしても，君は冷静に応答しなければならない．「売り言葉に買い言葉」からは何も生まれないからだ．

とはいうものの，意見が対立するとどうしても感情的になりやすい．どうしたらうまく話を進めることができるだろうか．「少しテンションが上がりすぎてまずいな」と思ったら，まず，深呼吸をしよう．肩の力を抜き，少し客観的に相手と自分自身を眺めてみよう．そうすれば，相手の意見に含まれているよい点に気が付くはずだ．まずは冷静になり，君から一歩歩み寄り，理解を示しながら意見を述べることができれば，相手に与える不快感は少なくなる．君の意見も理解してもらいやすくなる．大人の議論は，子どもの言い合いとは違う．実りのあるものでなければならない．

**【練習問題3】**「クールビズの徹底」について会社で話し合いをしている．君は，「夏場の上着とネクタイの着用を廃止し，クールビズの徹底を会社全体の取り組みとするべきだ」という意見である．これに対してAさんは，「夏場でも営業マンが得意先を回る際は，身だしなみという観点からスーツは必須である．営業スキルにも関係する．あなたは営業ではないから，そんなことが言えるのだ」と，興奮した様子で反対意見を述べた．さて，君はAさんの意見に対して，どのように反論したらよいだろうか．

**【解答例】** 悪い反論：「そうはおっしゃいますが，地球環境保護活動に会社全体で取り組むのは当然という時代ですし，営業の方がこれまで通りスーツで得意先を回る方が，地球環境保護の意識が薄いという印象を与えかねません．かえってよくないと思いますが，いかがでしょうか」

良い反論：「確かに営業の方にとって身だしなみは重要です．自社の看板を背負って営業活動をしてくださっている方にとって，スーツは大切な商売道具だと思います．しかし，今，求められているのは，企業として地球温暖化対策にどう取り組むかということです．社外で活躍する営業の皆さん方が，クールビズで活動してくだされば，我が社が温暖化に対して真摯に取り組んでいるというアピールに繋がると思われます．いかがでしょうか」

【解　説】Aさんの意見「身だしなみという観点からスーツは必須であり営業スキルにも関係する」をそのまま否定することは，Aさんに不快感を与える．「かえってよくない」と批判するのではなく，「確かに……と思います」とAさんの意見を認めたうえで，「会社の積極的な地球温暖化への取り組みをアピールする」という新しい観点から自分の意見の正当性を訴えよう．この方法は，相手の不快感を軽減するだけでなく，自分の意見への評価を得やすくするという効果がある．自分を受け入れてもらうには，まず，相手を受け入れること，大人としての冷静で寛容な姿勢をいつも忘れないようにしたい．

==== 言葉コラム8　「難しい読みの漢字ドリル」 ====

　日本では日常的に約2000字の漢字が使われている．それぞれの漢字が複数の読み方をもち，何と読めばよいのか困ることもあるだろう．めったに使われない難語は別として，日常語レベルでの読み間違いが多いと，君の日本語力自体が疑われることになりかねない．以下に挙げる言葉は日常会話にも出てくる基礎的なものばかりである．これくらいの言葉はきちんと読めるようにしておきたい．

◆正しい読み方をひらがなで書きなさい．

【A】
①割合（　　　　　）　②目印（　　　　　　）　③伯父・叔父（　　　　　）
④素人（　　　　　）　⑤譲る（　　　　　　）　⑥兆し（　　　　　）
⑦快い（　　　　　）　⑧差し支える（　　　　　）
⑨由緒ある建物（　　　　　）　⑩若干名募集（　　　　　）

【B】
①吹雪（　　　　　）　②生水（　　　　　　）　③窓際（　　　　　）
④芝生（　　　　　）　⑤土産（　　　　　　）　⑥冷や汗（　　　　　）
⑦促す（　　　　　）　⑧緩やか（　　　　　）　⑨怠る（　　　　　）
⑩目が覚める（　　　　　）

【C】
①名札（　　　　　）　②景色（　　　　　）　③小雨（　　　　　）
④間柄（　　　　　）　⑤名残（　　　　　）　⑥生意気（　　　　　）
⑦立ち退く（　　　　　）　⑧蓄える（　　　　　）
⑨寒気がする（　　　　　）　⑩過ちを認める（　　　　　）

【D】
①書留（　　　　　）　②行方（　　　　　）　③玄人（　　　　　）
④床下（　　　　　）　⑤真っ青（　　　　　）　⑥手当（　　　　　）
⑦紛れる（　　　　　）　⑧傾く（　　　　　）　⑨床が滑る（　　　　　）
⑩表面が滑らかだ（　　　　　）

【E】
①人影（　　　　　）　②消印（　　　　　）　③雪崩（　　　　　）
④手柄（　　　　　）　⑤寝言（　　　　　）　⑥偽物（　　　　　）
⑦最寄り（　　　　　）　⑧的外れ（　　　　　）
⑨危うく忘れるところだった（　　　　　）
⑩仕事がうまくいかなくて辛い（　　　　　）

【F】
①街角（　　　　　）　②腕前（　　　　　）　③初耳（　　　　　）
④人柄（　　　　　）　⑤天井（　　　　　）　⑥装う（　　　　　）
⑦本音（　　　　　）　⑧建前（　　　　　）　⑨予想を覆す（　　　　　）
⑩慌しい週末（　　　　　）

解答【A】①わりあい②めじるし③おじ④しろうと⑤ゆずる⑥きざし⑦こころよい⑧さしつかえる⑨ゆいしょ⑩じゃっかん【B】①ふぶき②なまみず③まどぎわ④しばふ⑤みやげ⑥ひやあせ⑦うながす⑧ゆるやか⑨おこたる⑩さめる【C】①なふだ②けしき③こさめ④あいだがら⑤なごり⑥なまいき⑦たちのく⑧たくわえる⑨さむけ⑩あやまち【D】①かきとめ②ゆくえ③くろうと④ゆかした⑤まっさお⑥てあて⑦まぎれる⑧かたむく⑨すべる⑩なめらか【E】①ひとかげ②けしいん③なだれ④てがら⑤ねごと⑥にせもの⑦もより⑧まとはずれ⑨あやうく⑩つらい【F】①まちかど②うでまえ③はつみみ④ひとがら⑤てんじょう⑥よそおう⑦ほんね⑧たてまえ⑨くつがえす⑩あわただしい

## 4.2　面接を受けよう！

### 4.2.1　面接の種類

　就職活動で最後の難関が，面接だ．準備をしっかりして，自信を持って臨もう．学生のうちは，知らない人の前で話す機会が少ないため，苦手意識をもつ人も多

いだろう．しかし，何回も繰り返すうちに，だんだん緊張しなくなるものだ．学校やいろいろな機関が行っている模擬面接を活用したり，友達と練習したりして，面接力を高めよう．また，実際の面接を受けることで自然に慣れて来るということもある．

一口に面接といっても，最近はさまざまな形式が用いられている．以下に，主なものを挙げる．実際には，これらをいくつか組み合わせて行うこともあり，また，「人事面接→技術面接→役員面接」というように，段階を追って繰り返されることもある．

### (1) 個人面接

通常，学生1人に対し，数人の面接官が質問する．面接官は，人事担当者の場合もあれば，技術担当者の場合もある．選考の最終段階では役員による面接が行われることもある．

### (2) 集団面接

数人の学生に対し，数人の面接官が質問する．同じ質問を全員にする場合が多いが，ときには少しずつ変化をつけた内容で質問される場合もある．学生1人あたりの話す時間は短い．面接の初期段階で行われることが多い．

### (3) グループ討論（グループディスカッション）

数名の学生がグループとなり，1つのテーマについて話し合う．一般的には，決められた時間内に結論を出すよう指示が出され，面接官は話し合いに参加せず，参加者の様子を観察して採点する．面接の初期段階で行われることが多い．

### (4) プレゼンテーション

学生1人が数人の面接官の前で，自己紹介や研究内容，与えられたテーマなどに関する発表を行う．事前にパワーポイントを準備するよう指示される場合もあれば，その場でテーマを与えられる場合もある．後者の場合は，即座に考えをまとめ，ホワイトボードなどを用いて説明しなければならない．

### 4.2.2 面接の準備

面接は何を聞かれるかわからないから，準備できないという人がいる．それは，半分当たっているかもしれないが，半分は間違いである．たとえば，「自己PR」「学生時代に頑張ったこと」「志望動機」の3つはよく聞かれるので，必ず答えられるように準備しておかなければならない．その他にも，自分の専門や研

究について，一般の人にもわかるような説明を準備しておこう．留学生の場合は，母国のことや日本のこと，両者の違いなどについて尋ねられるかもしれない．

　面接では思いがけない質問をされる場合もある．テーマが何であっても落ち着いて会話できるようにしたい．そのためには，友人だけでなく，年齢が上の人や初めて会った人とも自然に会話ができるよう，普段から心がけておくことが大切だ．そうした小さな努力の積み重ねが，コミュニケーション力を磨くことに繋がる．

　以下では，面接の連絡を受けた場合の具体的な準備について述べる．

### (1) 出席の意向を伝える

〔メールの場合〕

　「返信不要」となっている場合を除き，必ず返信する．返信は早い方がよい．返信メールは，「ご連絡ありがとうございました．伺います．よろしくお願いします」など，きわめて短いもので構わない．返信をしないと，君がメールを読んでいるかどうか，あるいは出席するつもりがあるかどうかが，相手にきちんと伝わらない．

〔電話の場合〕

　会社から伝えられた日時と場所を復唱して確認し，「ありがとうございました．伺います．」など，その場ですぐに返事をする．面接の時期には，出席できるかどうかすぐわかるように，自分の予定を把握しておくのも大切なことだ．万一，当日の予定がすぐに確認できない場合は，改めて連絡することを伝え，相手の電話番号と名前を聞く．

〔出席できない場合〕

　指定された日に行けない場合は，わかった時点ですぐにそのことを相手に伝え，指示を仰ぐ．特別な場合を除き，面接は指定された日に行かなければならない．優先度の高い会社の話が進んでいて，面接に呼んでくれた会社に行く気がない場合は，きちんと断りの連絡をする．何も言わずに欠席するのは，社会人として恥ずかしい行為だ．

### (2) 場所と移動手段を確認する

　面接会場が近い場合は実際に行き，遠い場合はインターネットなどを活用して，詳しい所在地と交通手段，最寄り駅からの経路などを調べておく．会社の建物を目にしたり，写真で確認したりすることで，「よし，ここに入るぞ！」という決

意を固め，やる気を出そう．そうすれば，当日の緊張感も和らぐだろう．

**(3) 質問に備える**

面接でよく聞かれる質問については，答えを考えておこう．4.3.2項「個人面接の技術」(2)，(3) を参考に，準備をしてほしい．特に，企業説明会でもらった会社案内や，提出したエントリーシートの内容を復習するのは大切なことだ．最近のニュースを調べ，考えをまとめておくのもよい．また，こちらから聞きたいことを，最低5問は用意しておこう．

**(4) 早めに出かける**

当日移動する場合はもちろん，前日から出かける場合も，十分に時間的な余裕をみて行動しよう．特に，タクシーやバスなど道路状況により所要時間が変わる乗り物を利用しなければならない場合は，注意しよう．控え室には最低でも30分前に着きたい．意外に思うかもしれないが，面接に遅刻する人は多い．慣れないところに行く時は，迷ったり，間違えたりすることがしばしばあるからだ．また，緊張から体調を崩しやすくもなる．

万一遅れそうなときは，面接開始時間より前に会社に連絡を入れる必要がある．いざというときに慌てないよう，受験番号，面接のときの連絡先や担当者の電話番号などは，すぐに見えるところにメモしておくといいだろう．

### 4.2.3 実際の面接

いよいよ面接の当日である．ここでは，面接を受ける際の言動について注意点を述べる．これは，就職活動だけでなく，奨学金などの面接や目上の人を訪問するときにも応用できる．振舞い方の細部は，教える人や解説書によって少し違うが，基本は「誠実さと自信」である．社会人にふさわしい行動が自然にできるよう，練習しておこう．

なお，服装については3.4.2項「会社説明会に参加する上での注意」で述べたのと基本的に同じだ．確認しておこう．

**(1) 受付の人も面接官と心得よ**

会社に足を踏み入れた瞬間から，常に礼儀正しく接することを心掛けよう．周りの人たちは皆，これから一緒に働く仲間になるかもしれない人だ．受付の人も面接官かもしれない，というくらいの気持ちで臨もう．

① コート，帽子，マフラー，手袋などは受付をする前に脱ぐ．

② 受付の人にもきちんと挨拶をし，来社の目的と名前を言う．

**(2) 控室では静かに，明るく，準備万端**

控室に着いたら，そこからテストが始まっていると考えよう．時間があっても，会社内を探検したり友達と大声で話したりせず，静かに待とう．待ち時間に面接のイメージトレーニングをすることも，有効な時間の使い方だ．服装の乱れをチェックすることもできる．

① 携帯電話の電源を切る．
② 他の受験者に笑顔で会釈する．おしゃべりはいけないが，自己紹介程度の挨拶はよい．
③ 姿勢よく着席する．きょろきょろ，そわそわ，うろうろしない．
④ トイレには早めに行き，服装のチェックをする．
⑤ 会社案内やエントリーシートのコピーを読んで準備する．
⑥ 楽しいことを考えて，気分を盛り上げる．

**(3) 入室時の第一印象が大切**

部屋へ入って椅子に座るまでが，一番緊張する瞬間だ．入退室のときの振る舞いが相手に与える印象は大きく，面接官はこの部分を重要視している．自信をもって臨めるように，練習しよう．

① ドアの前から笑顔になろう．背筋を伸ばし，「さあ，行くぞ！」と心の中で掛け声をかける．
② ゆっくり落ち着いてノックする．ノックの数は，2回でも3回でもいい．
③ ドアを開け，面接官の顔を見て「失礼します」と大きい声で言う．そして，お辞儀をする．（お辞儀の仕方は，1.2.1項「基本的なビジネスマナー」(5) を参照）
④ 用意された席に進み，椅子の左側に立ち，面接官を見て「つるま大学の岸春子です．よろしくお願いします」のように自己紹介し，きっちりとお辞儀をする．
⑤ 「おかけください」と言われてから，座る．

**(4) 面接中は姿勢と笑顔，視線に注意**

面接中にしてはいけない5つのことは，「暗い表情，ため息，苦笑い，頭を掻く，舌を出す」である．「自信がないなぁ」「失敗しちゃった」と思っても，常に前向きな姿勢を見せよう．

① 椅子にはきちんと腰をかけるが，背もたれにもたれてはいけない．背筋を伸ばして，堂々と自然体でいこう．このとき，女性は手を膝の上で軽く重ねる．男性は軽く握り，両膝の上に置く．
② 面接官とのアイコンタクトを大切にし，常に笑顔を心掛けよう．4.3.1 項「話す技術の基礎」(2) を読んで練習してほしい．

### (5) 退室の後ろ姿を大切に

面接中の応答がうまくできたとしても，きれいに退室できなければ評価は半減してしまうだろう．最後まで気を抜かず，去り際をバシッと決めたいものだ．
①「はい，結構です」「それでは，以上です」など，終わりのサインが出たら，椅子の左側にきちんと立って，「ありがとうございました」と心を込めて言い，お辞儀をする．
② ドアの前で振り返り，面接官の方を向いて姿勢を正す．
③「失礼します」と言ってから，ドアを開けて出る．
④ ドアの外でお辞儀をし，静かにドアを閉める．
⑤ 部屋の外に出たからといって，大声で話してはいけない．すぐに携帯電話をかけるのもよくない．建物から出るまで，面接は続いている．

【友達と練習しよう 1】 友達を誘って面接の練習をしよう．応募者と面接官，そして観察者，3 人以上でやってみよう．

【解　説】「他人のふり見て我がふり直せ」という言葉があるように，誰かに見てもらい，評価してもらうことはとてもよい勉強になる．自分では気づかずにしていることも，他人の動作を見ることで気づいたりする．

　なお，実際の面接では，本書に示した振る舞い方と少し違っても，間違えたと落胆したり，やりなおしたりする必要はない．反省は面接会場の外に出てからすればよい．気持ちを前向きに持ち，そのときそのときにできる精一杯のことをすれば，道は自ずと開けるものだ．

### 文化コラム 9 「知ってますか？　SPI で問われる日本語力」

#### (1) SPI とは

　入社試験の際に行われる筆記テストには会社によってさまざまなものがあるが，ここではその代表的なものとして SPI（現在利用されているのは「SPI2」）を取り上げる．

SPIとは、"Synthetic（総合的な）Personality（個性・性格）Inventory（目録・調査表）"の略称．個人の適性を総合的に評価することを目的として，リクルートマネジメントソリューションズが開発した試験で，入社試験における適性検査の中で最も多くの会社に利用されているものである．

会社が求める業務処理・判断能力には，いろいろな場面で適切に考え，正しく判断する「合理的能力」，その思考に基づいて目的に合った行動をとる「合理的行動力」，仕事上のさまざまな課題を期限内に正確に仕上げる「課題処理能力」がある．SPIはその3つの項目を中心に測定する．試験は大きく分けて，「言語分野」「非言語分野」の能力検査と，「性格適性検査」の2種類で構成されている．

**(2) SPIの言語分野の試験**

SPIの中でも特に「言語分野」の試験に絞って見てみよう．言語分野の問題は，同意語・反意語，2語の関係，ことわざ，敬語，語義選択，長文（指示語・空所補充・読解），文章の並べ替え，文法など，さまざまな方向からの出題となっている．会社では，対人折衝・意思伝達・文書作成など，言語を通して行われる活動が中心となる．SPIの言語分野の試験は，その業務に必要な，一定レベルの言語能力があるかどうかを調べるための試験だと考えられる．

**(3) やってみようSPI**

SPIの模擬試験で，自分の現在の日本語力をチェックしてみよう．

---

・同意語
　次の語句と同じ意味になる語句を，A〜Dの中から1つ選びなさい．
　(a) 限度　{A　境界　　B　期限　　C　限界　　D　程度}
・反意語
　次の語句と反対の意味になる語句を，A〜Dの中から1つ選びなさい．
　(b) 理論　{A　実践　　B　活動　　C　頭脳　　D　空論}
・包含関係
　〈　〉内に示された2語の関係を考え，これと同じ関係を示す対を作るように，A〜Dの中から1つ選びなさい．
　　〈りんご：果物〉
　(c) 電気　{A　節電　　B　電灯　　C　感電　　D　エネルギー}
　(d) 地球　{A　太陽　　B　惑星　　C　天の川　D　宇宙}
・文法
　次の下線部の語のうち，1つだけはかと違う性質のものを選びなさい．
　(e) A　その猫は首にリボンを結んでいた．
　　　B　これから夏にかけて，ますます暑くなる．

C　彼女は静かに笑っていた．
　　　D　座っている椅子の上に虫が寄ってきた．
　　　E　7時に来るように言われた．
・ことわざ
　次の意味の慣用句・故事成語をA～Dの中から1つ選びなさい．
　(f) 聞くともなく聞こえる．
　　　A　寝耳に水　　B　耳を貸す　　C　小耳に挟む　　D　耳が早い
　(g) ひどすぎて黙って見ていられない．
　　　A　目が届く　　B　目を盗む　　C　目を引く　　D　目に余る
・語の意味
　次の説明に最もふさわしい語を，A～Eの中から1つ選びなさい．
　(h) 悪いものを除き，よいものを残す．
　　　A　排斥　　B　消去　　C　淘汰　　D　排除　　E　除去
　(i) 潔く身を引く．
　　　A　撤退　　B　勇退　　C　辞退　　D　引責　　E　辞任
・敬語
　取引先の社員との会話です．敬語の使い方が正しくないものを選びなさい．
　(j) A　「お話ししたいことがありますので，今日伺いたいのですが，
　　　B　　ご都合はいかがでしょうか？」
　　　C　「わかりました．それでは，何時ごろこちらに参りますか？」
　　　D　「3時ごろになると思います．」
　　　E　「それでは，お待ちしております．」

　どれくらい解けただろうか．SPIをはじめとする筆記試験には，このような「日本語の常識」が出題されることがよくある．出題形式は会社によって異なるので，自分の本命の会社に合った問題集を最低1冊はやって，慣れておくようにしたい．しかし，問題集を丸暗記したから解ける，というものでもなく，問われるのはどれだけの「日本語基礎力」を持っているか，ということである．やはり，日々の日本語の勉強が物を言うのだ．それは就職後も必ず役に立つ．

**解答**　(a) C (b) A (c) D (d) B (e) C (f) C (g) D (h) C (i) B (j) C

## 4.3 話す技術—個人面接

### 4.3.1 話す技術の基礎

通常の面接では実際に顔を合わせて話をする．そのため，話の内容はもちろん，話し方や態度などが評価する上での大きな要素となってくる．ここではまず，顔を合わせて直接話をする際に必要となる，話す技術の基礎について，簡単にまとめておく．君は普段，どんな風に会話をしているのだろうか．以下を参考にして自分自身の姿を振り返り，話す技術を磨いて面接に臨んでほしい．

**(1) 言語メッセージ**

〔ゆっくり，しっかり話す〕

自分の言いたいことをきちんと伝えるためには，相手が受け取りやすいような話し方をしなければならない．面接のように緊張する場面では，とかく早口になりやすい．緊張しているときこそ，意識的にゆっくり話すようにしたい．

〔相手の話をよく聞く〕

話し上手は聞き上手．相手が何を言おうとしているのか，落ち着いて聞くことが大切である．質問の意図をきちんと把握して答えることにより，初めて対話が成立する．

〔明るい声でハキハキと答える〕

声の調子や話し方も大切である．普段から「聞き取りにくい」と言われている人は，せめて大きな声が出せるように練習しておこう．なお，面接で分からないことを聞かれた場合は，素直に「わかりません」と言った方が印象がよい．

**(2) 非言語メッセージ**

〔笑　顔〕

いつもたたえている小さな笑顔，明るい気持ちを表現する大きな笑顔，2つの笑顔を忘れないようにしよう．特に営業関係の仕事では，笑顔こそピンチ脱出の鍵となる．

〔アイコンタクト〕

対話する相手の目を，落ち着いた眼差しで，しっかりと見よう．緊張しているからといって，睨むような目つきにならないよう，気をつけよう．複数の相手に対して話をする場合は，視線を少しずつずらしながら話し，「この人に伝えたい」

と思うところで止めるとよい．また，横一列ではなく奥行きがある場合は，S字の形に視線を動かすと，みんなに「目が合った」と感じてもらえる．ただし，視線の移動ばかりを気にし過ぎると不自然になるので，できる範囲でやればよい．

〔うなずきと手振り〕

聞いているときは，話のポイントごとに静かにうなずくと，「きちんと聞いていますよ」というメッセージを発信することができる．また，話すとき，特に強調したい所に手振りを入れると，アピール力が増す．うなずきは聞き上手，手振りはアピール上手である．ただし，手振りを乱発すると，かえって話し下手という印象につながったり，不快感を与えたりする恐れもある．1つの話題につき1～2回で充分だ．友達と練習し，お互いに注意し合うことで，効果的な身振り手振りができるように慣れておこう．

### 4.3.2 個人面接の技術

面接の目的はコミュニケーション力を見ることにある．特に，面接官と直接向き合う個人面接では，いかにうまく対話するかが成功の鍵となる．面接官との対話を成功させるために，こんなことに気を付けよう．

**(1) 個人面接での注意点**

〔しっかり考えながら話す〕

暗記した言葉には力がない．面接準備のために，エントリーシートの内容や模範的な回答を暗記する人がいる．これは全くの逆効果である．話す内容は事前によく考えておく．面接では，そのときの話の流れを踏まえた上で，相手に理解してもらえるように考えながら話す．しっかりと考えながら発した言葉は，すらすらと繰り返される言葉より力強い．なお，突かれたくないことを質問されたときも，委縮せず，堂々と答えるようにしたい．事前にフォローのことばを考えておくとよいだろう．

〔結論を先に言い，その後に理由やエピソード，説明などを短く話す〕

質問に答えるときは，まず，「はい」「いいえ」，「Aです」「Bです」のように，結論を短く言う．このように答えると聞いている人には非常にわかりやすい．しかし，それだけで終わってしまってはいけない．結論の後には，それを具体的に裏付ける内容の話をする．ダラダラと話すと「まとめる力がない」と見られるので，全体として30秒程度，長くとも1分以内にまとめるのがよい．

〔面接官の話は興味をもって聞く〕

面接官が何か話題を提示したときには，静かにうなずいて「聞いていますよ」信号を出しながら，きちんと話を聞こう．場合によっては，相づちを打ってもよい．

〔質問をする〕

面接の最後には「何かご質問はありますか」と聞かれることが多い．必ず1つは質問しよう．質問は，自分がその会社に興味があることを示すものでもある．さらに，質問の内容に企業研究の成果を反映させることで，君の真剣さをアピールしたい．

### (2) 個人面接の3大質問

個人面接ではどのようなことが質問されるのだろうか．まず，よく聞かれる3つの質問を紹介しよう．

① 自己PR
② 志望動機
③ 学生時代に頑張ったこと

「なんだ，エントリーシートと同じじゃないか」と思うかもしれない．しかし，面接では，エントリーシートを元にして，より詳しく突っ込んだ質問がされる．特に，「なぜ，そうしたのか」「なぜ，そう考えたのか」「なぜ，できなかったのか」など，「なぜ」が繰り返されることが多い．せっかく上手にエントリーシートを書いても，ここでつまずいてしまったのでは元も子もない．また，インターネットや参考書からおいしい所を取り出して書いた内容はこのときにばれてしまう．自分の言葉で書き，面接の前にもう一度読み直し，自問自答して「なぜ」の答えを見つけておこう．

### (3) 個人面接，その他の質問

3大質問の他に，よくされる質問として次のようなものがある．こちらも準備しておきたい．

〔会社について〕

「この人は本当にうちの会社に入る気があるのか」面接官は，社長の名前や主力商品，企業理念などに関する質問をすることで，君の本気度を測ろうとする．同業他社と混同したり，焦ってしどろもどろになったりしないように，しっかりと予習をしておこう．

〔研究テーマについて〕
「専門なら任せて」というのは甘い．ゼミや学会の発表とは違う．専門的なことを専門外の人にわかるように話すのは案外難しいものだ．また，「なんの役に立つのか」「独創性はあるのか」といったような質問もされるので，ある程度は準備をしておきたい．

〔業界の話題や時事問題について〕
その会社が属する業界に特有の問題や，最近話題になっているニュースについて，「知っているか」「それについてどう思うか」などを聞かれる場合がある．社会人としての見識は身につけておきたい．

**【友達と練習しよう2】** 1分間アピール： 1人ずつ順番に1分間の自己PRをし，お互いに評価し合おう．自己PRの後に5分程度の質問時間を設けてもよい．

**【解答例】** わたしの強みは周りの人に働きかける力があることです．大学1年生のとき，友達と2人で手話の勉強を始めました．少しできるようになったとき，せっかくだから，もっと手話を広めようということになりました．仲間を増やすためにポスターを張ったり，ビラを配ったりもしました．反響が大きかったのは，大学祭での手話教室です．おかげで，部員が30人を超えました．今の主な活動は，ろう学校でのボランティアです．私が提案し，ろう学校の先生と交渉しました．週1回，みんなが交代で，耳の不自由な高校生の悩みを聞いたり，勉強を教えたりしています．この活動を通じ，みんなと1つの仕事をする面白さを体験しました．御社に入ったら，多くの人をまとめていくような仕事をしたいと思います．

**【解　説】** 自己PRの構成は，「結論＋エピソード＋会社への貢献（入社後の決意）」にするとよい．エピソードとは，主張しようとする長所の証拠となるような具体的な出来事のことである．この場合，「働きかける力」があることを，手話サークルを作り，部員を増やすために努力し，活動を広げて行ったエピソードから証明しようとしている．「2人」「30人」のように数字を挙げることで具体的に示している点がよい．最後に，自分が会社で活躍する可能性を述べている点もよい．

**【友達と練習しよう3】** 学生時代に頑張ったこと： 1人ずつ順番に，学生時代に頑張ったことについて1分間で話し，お互いに評価し合おう．

【解答例】 私が学生時代に頑張ったことは，パソコンスクールでのExcelの指導です．パソコンを使うのは得意ですが，教えるのは初めての経験でした．特に苦労したのは，年配の方のクラスです．社会的な地位が高い方が多くて，普通の初心者用の練習では満足してもらえませんでした．そこで，レベル的には簡単でも，知的に満足できるテーマを取り上げて問題集を作りました．例えば「女性管理職者数の変化を表すグラフ」などの作成です．すると，受講生のみなさんがテーマ自体に興味をもって，積極的に取り組むようになり，授業の満足度も上がりました．普通は6回で終わるのですが，私のクラスは12回も継続しました．みなさんに「おもしろかった」「役に立った」と言ってもらったのが，一番うれしかったです．この経験から，工夫することで問題を乗り越えられるという自信がつきました．

【友達と練習しよう4】 志望動機： 1人ずつ順番に，志望動機について1分間で話し，お互いに評価し合おう．

【解答例】《君の動機》： 御社のホームページを拝見し，御社が業界第一位で，IT産業をリードしていく会社であることに強くひかれました．御社は，中国を中心とするアジアに多くの拠点を持ち，事業をグローバルに展開していらっしゃいます．また，他社に先駆けて環境保護に取り組んで来た先進性も高く評価されています．このような姿勢をおもちの御社は業界内でも尊敬を集める存在であり，強い安定感とともに将来の確かさを感じております．また，従業員に対する福利厚生が充実しているというのも，従業員が安心して働き続けられる要因だと思います．特に興味をもっているのは，社員研修です．研修を受けることによって高度なIT技術を学び，実際の仕事を通じて自分のものにしようと思います．成長したいという気持ちはだれにも負けません．がんばります．よろしくお願いします．

《友達の評価》： 友達A：「ホームページを見ただけでは，十分な情報が得られないと思う．なんか，ホームページに書いてある言葉をそのままコピーして会社を褒めていて，手抜きをしたような印象が残る．やっぱり，説明会に出たり，OB・OG訪問をしたりして，生の姿を見ないと……」

友達B：「グローバル展開や環境保護っていうのは，いまどき珍しくないから，別の会社にも使えそう．その会社の製品とか企業理念とか，きちんと調べて，何が自分にとって魅力なのか，もっと考えなくちゃ．」

友達C:「この志望動機だったら，誰が言っても同じなんじゃない？ もっと，自分のやりたいことや専門性と結びつけて，具体的に話さないと．そのためには，会社がどんな人材を求めているのか，それがどのように自分と関係しているのか，把握しないといけないよね．」

友達D:「成長したいと強調すると，スキルアップさせてほしいっていう要求が先に立っているような印象になるかも．会社の立場から言ったら，貢献してくれる人がほしいんだよね．向上心があることをアピール・ポイントにするなら，もっと会社の役に立ちたいっていう方向で話すといいんじゃないかな．たとえば会社の成長に貢献したいとか．」

【解　説】　実はこの例は「良くない志望動機」の例である．評価をした友達の言葉を参考に，より良い志望動機が話せるようになろう．志望動機を考えるコツは，3.5.3項「志望動機を書こう」と同じだ．参考にしてほしい．

### 4.3.3　危ない個人面接

　ここまで，一般的な個人面接について見てきた．ここでは，少し極端な個人面接を取り上げ，その対処法を考えてみたい．

　いろいろな会社があるように，面接にはいろいろなやり方があり，面接官にもいろいろなタイプがある．明確に答えられないと「なぜ」を繰り返す「研究者タイプ」，優しく導きながらも厳しく評価する「教育者タイプ」，体力と忍耐力，上下関係を重んじる「運動部タイプ」，そして，お友達の雰囲気で本音を探る「文化部タイプ」など，数え上げればきりがない．しかし，どんな面接官も目指す目標は1つ，それは「いい人材を採用したい」である．

　いい人材を採用するために，面接官たちはさまざまな手を使って君の能力と本気度を測る．いわゆる圧迫面接もその1つである．「最終面接で時々あるらしい」「先輩がひっかかって落ちた」など，君も噂では聞いたことがあるだろう．ここでは，受験者にストレスを与える面接について，少し予備知識を得ておこう．「こんなことがあるかも知れない」と思っておけば，冷静に対処できる．以下に，面接官の態度別「危ない個人面接」の例と経験者の話を挙げる．

〔面接官の態度別「危ない個人面接」〕

① むし（無視）

② おどし（脅し）
③ こきおろし（こき下ろし）
④ ほめごろし（褒め殺し）

〔経験者の話〕
① むし経験者A君：準備万端で臨んだ面接，こちらが一生懸命に説明しているのに，面接官たちは全く興味を示さない．頬杖をついたり，あらぬ方向を見たり，中には欠伸をしている人もいる．こんな人たちと一緒に働きたくない，と思い，テンションが下がってしまった．
② おどし経験者Bさん：いい感触で進んでいたのに，最後になって「あなたはうちには向いてないようですが…」「その程度ではなかなか難しいですね」「不採用になったらどうするの」って，ドキッとすることを言われた．やっぱりここの会社は無理だったのかなって思い，落ち込んじゃった．
③ こきおろし経験者Cさん：研究内容について一生懸命に話したのに，「この研究で何がしたいのかわからない」「あなたのしていることには何か意味があるの」と言われた．研究には自信があっただけに，グサッと心に突き刺さった．どうしてこんなこと言われなくちゃいけないんだろうと腹が立った．
④ ほめごろし経験者D君：最終面接もすごくいい雰囲気だった．「本当に君は優秀だね」「君みたいに優秀な人が本当にうちに来てくれるの？」って言われて，どんどんいい気分になっていった．それで，調子に乗って「実は，……」って余計なことまで話しちゃった．結果は不合格だった．

どうだろうか．もし，今度行くのがこんな面接だったら……，不安になってばかりもいられない．危ない面接を乗り切るための基本的なスキルを以下に挙げる．基本を押さえて，恐れず立ち向かおう．

❶ ともかく落ち込まない．無視されても，きついことを言われても，笑顔で話す．
❷ 信念を曲げない．けなされても，あるいは過度に褒められても，「私は御社が第一希望です．貢献できるよう努力します」という前向きな態度を貫く．
❸ 相手の言っていることに対し，切り返す．
・否定する根拠がある場合：「そう思われてしまったのは残念です．しかし，私は……」と根拠を挙げて，切り返す．

・否定する根拠がない場合：「おっしゃるとおりかも知れません」といったん受け入れた上で，すかさず「（私の勉強不足ですので，）今後は……」と改善策を挙げ，「ご期待に添えるようにがんばります」などと決意表明をする．

❹ どうしようもないときは，元気に「がんばります」「すみません」「大丈夫です」などを繰り返す．

【友達と練習しよう5】 数人の友達の前で3分間スピーチをしよう．テーマは何でもよい．スピーチ中，聞き手は目を合わせてはいけない．反応をしてもいけない．3分間のスピーチ後，10分間の質疑応答をしよう．聞き手はなるべくきつい質問をしよう．

【解　説】 反応のない人たちに向かって話す辛さがわかっただろうか．否定される辛さも経験できたと思う．終わった後はどんなふうに感じたか，率直に感想を述べ合おう．そして，就職戦線を戦う仲間同士，また，仲良く助け合って行こう．

========== 言葉コラム9「慣用句・ことわざドリル（1）」 ==========

ストレートな言い方を好まない日本語の会話では，たとえビジネス場面であっても多くの慣用句・ことわざが用いられる．ビジネスにおいて，もしその意味を取り違えていたら，会社全体に関わる大問題にもなりかねない．よく使われる慣用句・ことわざについてはぜひ押さえておくようにしよう．

◆（　　）に入る言葉を［　　　］の中から選びなさい．
【1】① （　　　　）に入る＝自分の物になる
　　② （　　　　）を抱える＝とても困る
　　③ （　　　　）を折る＝いろいろ面倒なことをする
　　④ （　　　　）を壊す＝病気になる
　　⑤ （　　　　）につける＝習得する・マスターする
　　　［　頭・手・身・骨・体　］
【2】① （　　　　）を売る＝自分を知っている人を増やす
　　② （　　　　）を砕く＝心配して，気を使う
　　③ （　　　　）にかける＝得意がる
　　④ （　　　　）を抜く＝必要な手間をかけない
　　⑤ （　　　　）に合う＝飲食物の味が好みに合う
　　　［　手・顔・鼻・口・心　］

## 4.3 話す技術

【3】① (　　　　) をまく＝すばらしさに驚く
　　② (　　　　) を持つ＝味方する
　　③ (　　　　) を抜かす＝たいへん驚く
　　④ (　　　　) を焼く＝扱いに困る
　　⑤ (　　　　) がある＝まだ期待できる，可能性が残っている
　　　　[　手・肩・脈・腰・舌　]

【4】①開いた (　　　　) がふさがらない＝驚きあきれはてる
　　② (　　　　) も (　　　　) も出ない＝圧倒的に相手が強くてどうしようもない
　　③ (　　　　) が曲がっている＝素直でない
　　④ (　　　　) を抱えて笑う＝大笑いする
　　⑤ (　　　　) をたたかれる＝周囲から励まされたり，急がされたりする
　　　　[　腹・手・口・足・へそ・尻　]

【5】①目を (　　　　)＝びっくりする（×うれしい驚き）
　　②目を (　　　　)＝欠点・過ちを見逃す，見ないふりをする
　　③目に (　　　　)＝ひどすぎる，ひどすぎて見逃せない
　　④目に (　　　　)＝想像できる
　　⑤目が (　　　　)＝大好き
　　　　[　ない・むく・あまる・つぶる・うかぶ　]

◆(　　) に入る漢数字を考えなさい．

【6】① (　　　　) 目置く＝相手が優れていることを認め，敬意を払う
　　② (　　　　) の足を踏む＝ためらう
　　③ (　　　　) つ返事＝迷わないですぐ承知すること
　　④ (　　　　) の舞＝前と同じ失敗を繰り返すこと
　　⑤ (　　　　) (　　　　) 時中＝一日中，いつも

解答【1】①手　②頭　③骨　④体　⑤身，【2】①顔　②心　③鼻　④手　⑤口，【3】①舌　②肩　③腰　④手　⑤脈，【4】①口　②手・足　③へそ　④腹　⑤尻，【5】①むく　②つぶる　③あまる　④うかぶ　⑤ない，【6】①一　②二　③二　④二　⑤四・六

## 4.4 論じる技術―グループ討論とプレゼンテーション

### 4.4.1 グループ討論

グループ討論の目的はチームで働く能力を見ることにある．仕事の会議に似た状況下での，話し合いに対する積極性と協調性が試される．自分の意見が通ったからといって，高い評価がつくわけではない．面接官は，受験者が，チームに貢献する行動ができるか，論理的に話せるか，反対意見に対してどのような態度を取るか，などを見ている．

ここでは，グループ討論にどのように臨むかを学ぼう．

**(1) グループ討論の心構え**

グループ討論をするときには，「与えられた課題を完成して全員が受かること」を目標にするとよい．間違っても，「他のメンバーを蹴落として，自分だけ受かろう」などと考えてはいけない．そういう下心を持った時点で，チームで働く能力は発揮できなくなる．

以下に，グループ討論だからこそ注意しなければならないことについて，簡単にまとめておく．話す技術の基本は個人面接の場合と同じであるので，4.3.1項「話す技術の基礎」を読んで復習してほしい．

① みんな仲間である．時間内に課題を完成させるために協力する．
② 自分の役割を認識して行動する．
③ 常に冷静に話す．感情的になったり，攻撃的になったりしない．
④ 人の話をよく聞く．話を聞いている時間は話している時間よりも長く，面接官にチェックされる可能性も高い．
⑤ 話の流れを意識する．ある話題の途中で，別の話題を持ち出さない．

**(2) グループ討論でやること**

まずは笑顔で自己紹介しよう．面接官の採点は最初の印象に左右されることが多い．いい雰囲気で話し合いに入ろう．

話し合いの中でどのような役割を果たすかは，人によって違う．ここでは，タイプ別に望ましい行動パターンを見てみよう．君らしい貢献の仕方を見つけ，日常の話し合いの中でも試してみよう．

〔タイプ別，グループ討論への貢献の仕方〕

- トップランナー：話の口火を切り，議論を盛り上げる．
- 仕切り上手：司会者役．みんなの意見を引き出し，まとめる．
- 聞き上手：書記役．手際良くメモを取り，議事進行に役立つ発言をする．
- 時の番人：タイムキーパー．時間内に完成するよう，進行の助言をする．
- 改革派：人と違う観点からの意見を出し，議論を広げる．
- 調整役：対立する意見の折衷案を出し，みんなが納得のいく結論へと導く．
- 現実主義者：具体的にはどうなるのかなど，実情に即した発言をする．

逆に，グループ討論の中での役割を果たせていない行動パターンとしては，次のようなものがある．自分の行動がこのパターンに当てはまらないか，常に気をつけておこう．

〔タイプ別，グループ討論に貢献できない人〕
- 自己中：一人だけ目立とうとして，自己主張を繰り返す．強引に黙らせたり，他の意見を潰したりする．
- 準備中：他人が話しているとき，話の内容と関係ないメモを書くなどして，自分の発言の準備をする．
- 休業中：聞いているだけで発言しない．これでは評価のしようがない．
- 絶交中：発言しない人や自分と違う意見の人を無視する．
- 暴走中：ハイテンションになって話し続ける．感情的になる．

では，ここまでのポイントを踏まえて，練習してみよう．

**【友達と練習しよう 6】** 友達を集め，例えばグループ討論をしてみよう．グループの人数は 6 人程度，制限時間は 20 分程度がよいだろう．大勢集まった場合は，他の人は面接官になり，討論している人の良い点や悪い点をチェックしよう．

1. 宇宙に 1 人で 3 か月滞在することになった．自分のものを 1 つ持っていくことができるとしたら，何を持っていくか．
2. よい社員とはどんな人物か．
3. 新しい携帯電話の機能として，どんなものが考えられるか．

**【解　説】** グループ討論では，時間内にある目標に到達しなければならない．時間を無駄にしないためには，目標を明確にし，言葉の定義を確認しておく必要がある．

グループ討論で評価される力は，会社がどのような人材を採用しようとしてい

表4.1 グループ討論の評価項目

| | | |
|---|---|---|
| 1 | みんなと協力して結論を出そうとしているか | 協調性 |
| 2 | 議論を楽しんでいるか | |
| 3 | あまり話をしていない人に配慮することができるか | |
| 4 | 他人の意見の良い点を探し，ほめることができるか | |
| 5 | 相手を一方的に否定するような行動をしないか | |
| 6 | 自分の考えを論理的に説明することができるか | 論理性 |
| 7 | 話の内容を分析し，問題点を指摘できるか | |
| 8 | 他人の意見を聞き，理解することができるか | 傾聴力 |
| 9 | 創造的な意見が言えるか | 発信力 |
| 10 | 結論に近づくような発言ができるか | |
| 11 | 議論の流れを作りだしたり，修正したりできるか | リーダーシップ |
| 12 | 意見の違いを，うまくまとめていくことができるか | |

るかによって違ってくるが，一般的には，協調性，論理性，傾聴力，発信力，リーダーシップそしてテーマに対する知識などである．では，具体的にどのような態度で臨めばよいのだろうか．代表的な評価項目を表4.1として挙げるのでチェックしてみよう．

### 4.4.2 グループ討論における危機回避

　グループ討論の成否は，どんな人と一緒のグループになるかによって大きく左右される．君がいくら準備し，練習しても，予想できない問題が生じる場合もある．また，君自身の気持ちが思わぬ状態になってしまうこともあるだろう．ここでは，グループ討論中に予想されるいくつかの危機的な状況を挙げ，それを回避する方法を提案する．グループ討論中に生じる思いがけない困難，そのいくつかを知っておけば，君の不安感は和らぐに違いない．

**(1) 暴走者がいる！**

　メンバーAが舞い上がってしまい，1人で話し続けている．感情的に同じことを繰り返し，議論が全然進まない．

　・お勧め対処法：　話が途切れた一瞬の隙に，「今日の目的は，……ですよね．みんなで協力しませんか．他の人の意見も聞いてみましょう」と，全員で協力することを促す発言をする．

## 4.4 論じる技術

- 誤った対処法1： ついかっとなって，「Aさんはそう言うけれど，私は……」と自分の言いたいことを一方的に言って張り合ったり，話の途中に大きな声で割り込んだりする．
- 誤った対処法2： 迫力に圧倒されて黙りこむ．

### (2) だんまりくん救済！

司会を買って出たものの，議論がなかなか活性化しない．特に，Bさんは全く発言していない．

- お勧め対処法： 全員の顔を見渡しながら，「みなさんのご意見は……ということでほぼ一致しているようですが，……という点はどう考えたらよいでしょうか．Bさん，いかがですか」と，新しい切り口を示し，Bさんの発言を促す．
- 誤った対処法： 議論を盛り上げてくれる人にだけ話しかけ，消極的な人を置き去りにする．

### (3) 苦手分野克服！

よく知らないことがテーマに出た．何を話したらいいのだろう．変なことを言って，無知を暴露したくないし……

- お勧め対処法1： 他の人の発言をよく聞き，少しでも理解できる内容の発言があれば，すかさず，「Cさんの意見に賛成です．さらに，……したら，もっとよくなると思います」と，その意見を上手に活かし，自分の意見を加える．
- お勧め対処法2： 議事進行に自信があれば司会役，要点をまとめるのが得意なら書記役，どちらも無理ならタイムキーパー役を買って出て，グループの活動に貢献する．テーマに関する知識よりも，討論に臨む態度が評価される．
- 誤った対処法1： 知ったかぶりをする．わからないまま，適当に賛成したり，反対したりしていると，どんどん墓穴を掘る．場合によっては，「さっきは……と言ったのに，どうして……となるのですか」などと批判され，返答に窮することになる．
- 誤った対処法2： ずっと黙っている．

### (4) 議論すること自体が苦手です……

- お勧め対処法1： 「Dさんのお話は，例えば……ということでしょうか」

など，身近なことを例に挙げ，内容の確認をする．抽象的な話の中でされる具体的な話は，印象に残るものだ．
- お勧め対処法2：　(3)の「お勧め対処法2」と同じ．司会役，書記役，タイムキーパー役などを務める．発言は最小限で，グループの活動に貢献できる．
- 誤った対処法1：　無理をして立派な意見を言おうとする．
- 誤った対処法2：　ずっと黙っている．

**(5) 一言も発言していない!!**

いまさら，司会も書記もタイムキーパーもできないし……，このままでは確実に落ちる．

- お勧め対処法：　何でもよいから，とりあえず発言する．「Eさんの意見に賛成します．理由は……です」だけで十分だ．一言言えば必ず落ち着くはずだ．
- 誤った対処法：　話し合いに乗り遅れたことで焦ってしまい，最後まで黙って何もしない．

### 4.4.3　プレゼンテーション

プレゼンテーションは，役員面接など，最終または最終に近い面接で行われることが多い．一般的な個人面接が対話であるのに対し，プレゼンテーションは発表という一方向からの情報発信となる．通常は，事前に「自己紹介と研究テーマ」「実現したい夢」「新商品の提案」などのテーマが与えられ，発表準備をして臨む．他にも，個人面接のときにいきなり「あなたの研究テーマについて，ホワイトボードを使って，5分程度で説明してください」などと言われることがある．この場合は事前準備ができないので，心の準備だけしておこう．テーマが与えられた場合は，事前にスライド（Power Pointなど）や配布資料の準備を求められることもある．具体的なやり方や発表時間は企業によって異なるが，一般的には，役員などの前で15～20分程度のプレゼンテーションをすることが多い．

ここでは，面接でパソコンを使ったプレゼンテーションをする場合，どのようなことに注意して準備したらよいかについて述べる．内容のまとめ方や話し方については，学校の授業でもよく取り上げられているし，参考書も出ているので，そうしたものを通じて身につけてほしい．

パソコンでプレゼンテーションをするためには，まず，Power Point などのソフトウェアで作成するスライドを用意しなければならない．その他に発表の内容をまとめたハンドアウト（配布資料，レジュメともいう）を用意することもある．面接のプレゼンテーションでは，会場の下見をすることができないので，緊急の場合に備えて，発表データのバックアップを必ず持って行こう．できれば，予備のパソコンも持って行った方がよい．

以下，よいスライドを作るために注意することを簡単にまとめておく．

### (1) 見やすさ

離れても見やすいスライドは，内容をより明確に伝えることができ，面接官に与える印象もよい．スクリーンのサイズや鮮明度がどのようであっても対応できるように，次のことに注意しよう．

① 小さすぎる字はだめ．フォントの大きさは 28 ポイント以上が望ましい．
② テンプレートはシンプルなものがよい．インターネットで無料のテンプレートがダウンロードできるが，機種によっては使えない場合がある．自分のパソコンを使わない場合には，特に注意が必要である．
③ 見やすい配色を選択する．

### (2) 統一性

① スライド1枚ごとのバランスはもちろん，発表の流れに合わせて，全体のバランスを考える．
② 字や図，絵などをバランスよく配置する．
③ 話の量（長さ）とスライドの数が合うようにする．

スライドは，1分の話につき1枚，多くても2枚程度が適当である．少なすぎると間延びするし，多すぎるとどんどん変わるために内容についていけなくなる．多少の緩急をつけながら，飽きないように，疲れないように設計するのがよい．

### (3) 簡潔さ

① だらだら文章を書かずに，視覚的にわかるようにする．話の要点をまとめて書く方法もあるが，これではパソコンの性能を生かせない．文字だけでなく，図や写真，ときには音なども使えるところがパソコンを用いたプレゼンテーションの利点だ．なお，音を使う場合は，音が出せる動作環境かどうか，事前に先方に確認する必要がある．
② 文章表現は簡潔に．「です・ます」は，原則的に使用しない．

③ アニメーションは必要最小限にする．アニメーションが多いと，落ち着きがなく，見ていて疲れる．本当に必要なところだけに使うのが，効果的でよい．おしゃれをする時と同じだ．本当に見せたいところを決めて，そこが目立つように飾ろう．

### (4) 発表の流れ

「何を訴えるか」によって変化するが，基本は，「序論→本論→結論」である．また，何らかの提案がテーマとなっている場合は，次の点に気をつけよう．

① 提案の根拠（必要となる理由）について説明できているか．
② 提案によってもたらされる効果を示しているか．
③ 提案が魅力的なものとして映るようなストーリー構成となっているか．

提案は意見の一種である．意見であるからには，それ自体が魅力的なものであることが受け入れられるための第一歩となる．そして，いかに相手を説得し，納得させるかが，提案を受け入れてもらうための大きなポイントである．君の提案が，その企業に利をもたらす魅力的なものと映るように，充分に準備して臨もう．

準備ができたら，友達や先輩に見てもらうとよいだろう．誰の目にも魅力的なものとして映る提案をすることで，君の魅力をアピールしよう．

━━━━━━━━ 言葉コラム 10 「慣用句・ことわざドリル (2)」 ━━━━━━━━

言葉コラム 9 に引き続き，ビジネス場面でよく使われる慣用句・ことわざについて勉強しよう．

◆次の表現①〜⑦の意味を，右のア〜キから選びなさい．

【1】
①道草を食う　　（　）　｜（ア）終わりが見えるようになる
②株が上がる　　（　）　｜（イ）勝つために激しく争う
③めどが立つ　　（　）　｜（ウ）目的地・目標の途中で別のことに時間を使う
④かぎを握る　　（　）　｜（エ）良くないことをしないよう確認しておく，念を押す
⑤しのぎを削る　（　）　｜（オ）進行を早める
⑥拍車をかける　（　）　｜（カ）解決に不可欠なものを持っている
⑦くぎを刺す　　（　）　｜（キ）評価が上がる，評判がよくなる

【2】
①山をかける　　（　）　｜（ア）影響が残る
②高をくくる　　（　）　｜（イ）自分の利益になるようにお世辞を言う

③ごまをする　　（　）　｜（ウ）甘く見る
④お茶を濁す　　（　）　｜（エ）限界がない
⑤尾を引く　　　（　）　｜（オ）その場をごまかす
⑥きりがない　　（　）　｜（カ）大胆に予想して行動する
⑦けりをつける　（　）　｜（キ）結果を出す

◆次の表現①～⑤の意味を，ア～オから選びなさい．

【3】
①居ても立ってもいられない（　）　｜（ア）残っているはずの物がない
②取るに足らない　　　　　（　）　｜（イ）たいしたことのない
③影も形もない　　　　　　（　）　｜（ウ）次から次へと続く
④非の打ちどころがない　　（　）　｜（エ）何もしないではいられない
⑤あとを絶たない　　　　　（　）　｜（オ）完全で欠点がない

【4】
①朝飯前　　　（　）　｜（ア）ありふれたこと
②日常茶飯事　（　）　｜（イ）どうしようもない，解決方法がない
③案の定　　　（　）　｜（ウ）手紙を書いたり，会ったりしていない
④お手上げ　　（　）　｜（エ）思った通り，予想どおり
⑤ご無沙汰　　（　）　｜（オ）非常に簡単なこと

【5】
①寝耳に水　　（　）　｜（ア）ほんの少しの差
②焼け石に水　（　）　｜（イ）ひどすぎてふつうの助けでは足りない状態
③紙一重　　　（　）　｜（ウ）価値がわからない者に高価な物を与えても無駄なこと
④猫に小判　　（　）　｜（エ）わずかな量
⑤すずめの涙　（　）　｜（オ）突然の，予想しなかった出来事を知らされ驚くこと

**解答**【1】①ウ　②キ　③ア　④カ　⑤イ　⑥オ　⑦エ，【2】①カ　②ウ　③イ　④オ　⑤ア　⑥エ　⑦キ，【3】①エ　②イ　③ア　④オ　⑤ウ，【4】①オ　②ア　③エ　④イ　⑤ウ，【5】①オ　②イ　③ア　④ウ　⑤エ

# 索　引

## ア　行

挨拶
　　——文 …………………………… 48
　　安否の—— ……………………… 36
　　感謝の—— ……………………… 36
　　季節の—— ……………………… 36
青田買い（あおたがい） ……………… 66
圧迫面接 ……………………………… 134
宛先 …………………………………… 48
宛名 …………………………………… 40
後株（あとかぶ） ……………………… 34
後付 …………………………………… 35
アピール・ポイント …………………… 89
アポ …………………………………… 51
アポイント …………………………… 51
アポイントメント ……………………… 51
アラビア数字 ………………………… 35

意見の言い方 ………………………… 118
Ｅメール ………………………… 16,51
　　——の返信 ……………………… 47
インターネット ……………………… 57
インターンシップ ………………… 71,73

運動会 ………………………………… 60

エコ …………………………………… 51
会釈（えしゃく） ……………………… 8
SPI …………………………………… 126
エントリーシート ……… 62,64,87,96

応接 …………………………………… 16
大晦日（おおみそか） ………………… 45
お辞儀（おじぎ） ……………………… 8
お仕事電話 …………………………… 77
お葬式 …………………………… 109,111
お月見 ………………………………… 60
おどし（脅し） ……………………… 135
お花見 ………………………………… 59
お彼岸（おひがん） …………………… 46
お盆 …………………………………… 60
御社（おんしゃ） ……………………… 39
御中（おんちゅう） …………………… 34

## カ　行

会社 …………………………………… 92
　　——からもらった文書 ………… 85
会社説明会 ………………… 61,63,80
各位（かくい） ………………………… 34
学歴 …………………………………… 99
家族の呼び方 ………………………… 29
カタカナ語 …………………………… 50
カタログ ……………………………… 51
課長 …………………………………… 34
学校推薦 …………………………… 107
カット ………………………………… 51
上座 …………………………………… 18
考え抜く力 …………………………… 70
漢数字 ………………………………… 35
間接的な表現 ………………………… 27
慣用句 ……………………………… 136,144

企業 …………………………………… 92

| | |
|---|---|
| ——が求める人材 | 70, 83 |
| 企業理念 | 83 |
| 貴社 | 39 |
| 喫煙場所 | 7 |
| キャリア | 51 |
| キャンペーン | 51 |
| 行政罰 | 99 |
| 業務内容 | 83 |
| | |
| クッションことば | 25 |
| クリスマス | 45 |
| グループディスカッション | 122 |
| グループ討論 | 122, 138 |
| クレーム | 51 |
| グローバル | 51 |
| | |
| 敬語 | 5 |
| 刑事罰 | 99 |
| 携帯電話 | 11 |
| 敬老の日 | 60 |
| 欠勤 | 7 |
| 結語 | 34 |
| 結婚式 | 109 |
| 研究内容 | 87 |
| 健康状態 | 100 |
| 言語メッセージ | 129 |
| 現住所 | 98 |
| 謙譲語 | 23 |
| 謙遜の美徳 | 11 |
| 言動 | 81 |
| 件名 | 48 |
| | |
| 公共道徳 | 10 |
| 香典(こうでん) | 111 |
| こきおろし | 135 |
| 告別式 | 111 |
| 国立大学法人 | 99 |
| ご祝儀(ごしゅうぎ) | 111 |
| 個人面接 | 122, 129, 134 |
| コスト | 51 |
| ことわざ | 136, 144 |
| コネ | 51 |
| ゴミの出し方 | 11 |

| | |
|---|---|
| コミュニケーションツール | 53 |
| ゴールデンウィーク | 59 |
| コンセプト | 51 |
| コンセンサス | 51 |

## サ 行

| | |
|---|---|
| 最敬礼 | 8 |
| 採用実績 | 83 |
| サイン | 51 |
| 差出人 | 41 |
| 雑誌 | 58 |
| 様(さま) | 34 |
| | |
| シェア | 51 |
| 資格 | 100 |
| 始業時刻 | 7, 10 |
| 自己紹介 | 1 |
| 自己PR | 67, 87 |
| 自己分析 | 62, 64, 67 |
| 事前準備 | 81 |
| 志望動機 | 87, 93 |
| 下座 | 18 |
| 社会人基礎力 | 70 |
| 社会人の話し方 | 19 |
| 社外文書 | 31, 32 |
| 社内文書 | 31 |
| 就活スケジュール | 66 |
| 就活に強い文章 | 105 |
| 終業時刻 | 8 |
| 就職活動 | 61 |
| 集団面接 | 122 |
| 自由討論 | 112 |
| 修了 | 99 |
| 終了 | 99 |
| 受信者名 | 33 |
| 受諾書 | 107 |
| 出欠確認 | 41 |
| 主文 | 48 |
| 私用 | 7 |
| 小社(しょうしゃ) | 39 |
| 賞罰 | 99 |
| 情報ツール | 56 |

| | |
|---|---|
| 食事 | 10 |
| 職歴 | 99 |
| 署名 | 49 |
| 進学 | 99 |
| 親戚の呼び方 | 29 |
| 新年 | 45 |
| 新聞 | 57 |
| | |
| ストック | 51 |
| | |
| セキュリティー | 52 |
| 節分(せつぶん) | 45 |
| 説明の仕方 | 113 |
| 前文 | 35 |
| | |
| 卒業 | 99 |
| 卒業見込み | 99 |
| 外脇付 | 41 |
| 尊敬語 | 20 |
| 　形の変わる—— | 21 |

## タ　行

| | |
|---|---|
| 待遇 | 83 |
| ターゲット | 52 |
| 七夕(たなばた) | 60 |
| | |
| 遅刻 | 7 |
| チームで働く力 | 70 |
| | |
| 通夜(つや) | 111 |
| 梅雨(つゆ) | 59 |
| | |
| ディスカッション | 112 |
| 丁寧語 | 19 |
| 丁寧礼 | 8 |
| ディベート | 112 |
| 手書き | 97 |
| 手紙 | 54 |
| データ | 52 |
| テレビ | 57 |
| 伝言メモ | 15 |
| 転入 | 99 |

| | |
|---|---|
| 添付資料 | 49 |
| 電話 | 11, 55 |
| | |
| 頭語 | 34 |

## ナ　行

| | |
|---|---|
| 内々定 | 106 |
| | |
| 二重敬語 | 21 |
| ニーズ | 52 |
| 日本の常識 | 10 |
| 入学 | 99 |
| | |
| 年中行事 | 45, 59 |
| | |
| ノウハウ | 52 |
| ノルマ | 52 |

## ハ　行

| | |
|---|---|
| ハイテク | 52 |
| はがき | 40, 54 |
| バレンタインデー | 45 |
| | |
| 非言語メッセージ | 129 |
| ビジネス文書 | 31, 85 |
| 　——の基本書式 | 32 |
| ビジネスメール | 48 |
| ビジョン | 52 |
| 筆記試験 | 62, 64 |
| ひなまつり | 46 |
| | |
| ノァック人 | 55 |
| 封筒 | 40 |
| 服装 | 81, 109 |
| 普通礼 | 8 |
| ふりがな(フリガナ) | 98 |
| プレビン | 52 |
| プレゼンテーション | 52, 122, 142 |
| プロジェクト | 52 |
| 文末 | 105 |

| 弊社(へいしゃ) …………………39 | むし(無視) …………………134 |
| 返信 …………………………47 | 難しい読みの漢字 ……………120 |
| 　Eメールの── ……………47 | むすび ………………………49 |
| 返信用はがき …………………41 | |
| 編入 …………………………99 | 名刺 ……………………………8 |
| | メーカー ………………………52 |
| 忘年会 ………………………45 | 面接 ……………62,65,121,124 |
| 訪問 …………………………16 | |
| 募集職種 ……………………83 | 持ち物 ………………………82 |
| ほめごろし …………………135 | |
| 本 ……………………………57 | ## ヤ　行 |
| 本文 …………………………48 | |
| | 役職名 …………………………34 |
| ## マ　行 | |
| | 予備校 …………………………99 |
| 前株(まえかぶ) ………………34 | |
| 前に踏みだす力 ………………70 | ## ラ　行 |
| マーケット ……………………52 | |
| マッチング ……………………67 | リコール ………………………52 |
| 末文 …………………………35 | リスク …………………………53 |
| マナー …………………6,10,74 | リストラ ………………………53 |
| 　応接の── …………………16 | 履歴書 …………………………96 |
| 　電話の── …………………11 | |
| 　訪問の── …………………16 | 連絡先 …………………………98 |
| マニュアル ……………………52 | |
| マネージメント ………………52 | ## ワ　行 |
| | |
| 身だしなみ ……………………7 | わたくし ………………………39 |

**編著者略歴**

山本いずみ（やまもと いずみ）

1995年　名古屋大学大学院文学研究科博士課程修了
現　在　名古屋工業大学大学院工学研究科国際交流センター教授
　　　　博士（文学）
主　著　『現代語で読む「松陰中納言物語」付本文』（和泉書院，2005年），『図説翻訳文学総合事典　第4巻』（分担執筆，川戸道昭・榊原貴教編著，大空社，2009年）ほか

白井聡子（しらい さとこ）

2003年　京都大学大学院文学研究科満期退学
現　在　名古屋工業大学大学院工学研究科国際交流センター准教授
　　　　博士（文学）
主　著　『ダパ語における視点表示システムの研究』（京都大学博士論文ライブラリー，2008年）

---

ビジネスへの日本語
―これから社会へ飛びたつ君たちへ―

定価はカバーに表示

2011年10月30日　初版第1刷

|  |  |
|---|---|
| 編著者 | 山　本　い　ず　み |
|  | 白　井　聡　子 |
| 発行者 | 朝　倉　邦　造 |
| 発行所 | 株式会社　朝　倉　書　店 |

東京都新宿区新小川町6-29
郵　便　番　号　162-8707
電　話　03 (3260) 0141
FAX　03 (3260) 0180
http://www.asakura.co.jp

〈検印省略〉

© 2011 〈無断複写・転載を禁ず〉

シナノ印刷・渡辺製本

ISBN 978-4-254-51040-9　C 3081　　Printed in Japan

早大 蒲谷 宏編著
日本語ライブラリー
## 敬語コミュニケーション

51521-3  C3381　　　Ａ５判 180頁 本体2500円

敬語を使って表現し，使われた敬語を理解するための教科書。敬語の仕組みを平易に解説する。敬語の役割や表現者の位置付けなど，コミュニケーションの全体を的確に把握し，様々な状況に対応した実戦的な例題・演習問題を豊富に収録した。

早大 細川英雄・早大 舘岡洋子・早大 小林ミナ編著
日本語ライブラリー
## プロセスで学ぶ **レポート・ライティング**
―アイデアから完成まで―

51525-1  C3381　　　Ａ５判 200頁 本体2800円

学生・社会人がレポートや報告書を作成するための手引きとなるテキスト。ディスカッションによりレポートのブラッシュアップを行っていく過程を示す【体験編】，その実例を具体的にわかりやすく解説し，理解をする【執筆編】の二部構成。

前大阪教育大 中西一弘編
## 新版 やさしい文章表現法

51032-4  C3081　　　Ａ５判 232頁 本体2600円

文章をいかに適切に書けるかは日常的な課題である。多くの例を掲げ親しみやすく説いた，文章表現法の解説・実践の手引き。〔内容〕気楽にちょっと／短い文章（二百字作文）を書いてみよう／書く生活を広げて／やや長い文章を書いてみよう／他

長岡技科大 若林 敦著
## 理工系の日本語作文トレーニング

10168-3  C3040　　　Ａ５判 180頁 本体2800円

レポートや論文の作成に必要な作文技術の習得をめざし，豊富な文例と練習問題を盛り込んだ実践的なテキスト。独習用としても最適。〔内容〕事実と意見（区別する，書きわける）／わかりやすく簡潔な表現（文の三原則，文と文とのつなぎ方）

D.E.＆G.C.ウォルターズ著
文教大 小林ひろみ・立教大 小林めぐみ訳
## アカデミック・プレゼンテーション

10188-1  C3040　　　Ａ５判 152頁 本体2600円

科学的・技術的な情報を明確に，的確な用語で伝えると同時に，自分の熱意も相手に伝えるプレゼンテーションのしかたを伝授する書。研究の価値や重要性をより良く，より深く理解してもらえるような「話し上手な研究者」になるための必携書

早大 桜井邦朋著
## アカデミック・ライティング
―日本文・英文による論文をいかに書くか―

10213-0  C3040　　　Ｂ５判 144頁 本体2800円

半世紀余りにわたる研究生活の中で，英語文および日本文で夥しい数の論文・著書を著してきた著者が，自らの経験に基づいて学びとった理系作文の基本技術を，これから研究生活に入り，研究論文等を作る，次代を担う若い人へ伝えるもの。

高橋麻奈著
## 入門テクニカルライティング

10195-9  C3040　　　Ａ５判 176頁 本体2600円

「理科系」の文章はどう書けばいいのか？ベストセラー・ライターがそのテクニックをやさしく伝授〔内容〕テクニカルライティングに挑戦／「モノ」を解説する／文章を構成する／自分の技術をまとめる／読者の技術を意識する／イラスト／推敲／他

九工大 栗山次郎編著
## 理科系の日本語表現技法

10160-7  C3040　　　Ａ５判 184頁 本体2600円

"理系学生の実状と関心に沿った"コンパクトで実用的な案内書。〔内容〕コミュニケーションと表現／ピタゴラスの定理の表現史／コンポジション／実験報告書／レポートのデザイン・添削／口頭発表／インターネットの活用

前宇都宮大 小池清治・早大 小林賢次・早大 細川英雄・
十文字女短大 山口佳也編

## 日本語表現・文型事典

51024-9  C3581　　　Ａ５判 520頁 本体16000円

本事典は日本語における各種表現をとりあげ，それらの表現に多用される単語をキーワードとして提示し，かつ，それらの表現について記述する際に必要な術語を術語キーワードとして示した後，おもにその表現を特徴づける文型を中心に解説。日本語には文生成に役立つ有効な文法が存在しないと指摘されて久しい。本書は日本語の文法の枠組み，核心を提示しようとするものである。学部学生（留学生を含む），院生，国語・日本語教育従事者および研究者のための必携書

上記価格（税別）は 2011 年 9 月現在